L'ATELIER DE

DANIEL VÉZINA

Plus de **100** techniques
et recettes de base

LES ÉDITIONS **LA PRESSE**

Catalogage avant publication de Bibliothèque et Archives nationales du Québec
et Bibliothèque et Archives Canada

Vézina, Daniel, 1961-

L'atelier de Daniel Vézina : plus de 100 techniques et recettes de base

Comprend un index.

ISBN 978-2-89705-044-3

1. Cuisine. 2. Livres de cuisine. I. Titre.

TX651.V49 2012   641.5   C2012-940566-3

Directrice de l'édition
Martine Pelletier

Éditrice déléguée
Sylvie Latour

Grille intérieure et couverture
Yanick Nolet

Infographie
Pascal Simard,
Marguerite Brooks

Photographe
Marc Couture

**Direction photo et
stylisme culinaire**
Marc Maulà

Révision
Sophie Sainte-Marie

Correction d'épreuves
Yvan Dupuis

L'éditeur bénéficie du
soutien de la Société
de développement des
entreprises culturelles du
Québec (SODEC) pour son
programme d'édition et ses
activités de promotion.

L'éditeur remercie le
gouvernement du Québec de
l'aide financière accordée à
l'édition de cet ouvrage par
l'entremise du Programme de
crédit d'impôt pour l'édition
de livres, administré par la
SODEC.

L'éditeur reconnaît l'aide
financière du gouvernement
du Canada par l'entremise
du Programme d'aide au
développement de l'industrie
de l'édition (PADIÉ) pour ses
activités d'édition.

LES ÉDITIONS LA PRESSE
Présidente
Caroline Jamet
Les Éditions La Presse
7, rue Saint-Jacques
Montréal (Québec)
H2Y 1K9

L'ATELIER DE
DANIEL VÉZINA

Plus de **100** techniques
et recettes de base

AVANT-PROPOS

J'ai toujours eu la certitude d'une chose : les bases sont indispensables en cuisine. Pas de succès ou de créativité possible sans maîtrise des techniques de base. Pour moi, le secret pour réussir une bonne recette réside dans la compréhension de la technique qu'on utilisera pour transformer un aliment.

Il y a maintenant plus de dix ans que j'offre des ateliers au laurie raphaël de Québec. J'ai maintes fois eu l'occasion de constater que les techniques de base, même les plus simples telles que couper correctement un oignon, ne sont pas connus de Monsieur et Madame Tout-le-monde. Et ceux qui ont suivi l'émission *Les Chefs*, que je coanime, auront réalisé tout comme moi que ceux et celles qui se préparent à la profession de chef ne maîtrisent pas toujours les trucs de base...

J'ai pensé vous offrir un petit livre qui regrouperait plus d'une centaine de techniques et recettes de base, un guide utile dans toutes les cuisines, familiales ou professionnelles. Je me suis retrouvé devant des choix difficiles à faire. Lesquelles privilégier parmi toutes les existantes ?

Vous retrouverez dans *L'Atelier de Daniel Vézina* des techniques variées, allant de la préparation d'un artichaut à la levée des filets de poisson, en passant par la préparation de produits moins connus comme le cerf, des fruits exotiques, des légumes plus rares, histoire de prouver que ces produits s'apprêtent facilement du moment qu'on sait ce qu'il faut faire.

Chacune vous est présentée en étapes courtes et claires accompagnées de photos. Jamais le proverbe « Une image vaut mille mots » n'aura eu autant de sens. Vous lisez, regardez la photo, et le tour est joué ! La pratique fait le reste.

J'ai également joint à mon petit guide pratique des recettes de base. Une sorte d'aide-mémoire, un outil de départ pour confectionner des plats plus élaborés. On y trouve des recettes de pâtes de toutes sortes, de sauces, de desserts. J'ai complété le tout avec un lexique culinaire pour vous faciliter la tâche en lisant les livres de recettes.

Je souhaite que ce petit livre devienne votre meilleur allié en cuisine, vous servant d'outil de référence quand vous aurez besoin de rafraîchir vos connaissances ou pour connaître la technique à utiliser dans une recette trouvée dans un magazine ou un livre.

En fait, je vous lance une invitation à revenir aux bases de la cuisine, au point de départ du succès auprès de vos convives.

Daniel Vézina

TECHNIQUES DE BASE

RECETTES DE BASE

TECHNIQUES DE BASE

LÉGUMES

....

13

AIL (CONFIRE EN CHEMISE)

1. Détacher les gousses de 3 têtes d'ail, sans les éplucher.

2. Placer les gousses dans une petite casserole avec 3 feuilles de laurier frais, 1 branche de thym, 5 grains de poivre de Penja et 500 ml (2 tasses) d'huile d'olive.

3. Au premier frémissement, cuire à feu doux environ 20 minutes.

> *Le secret pour réussir l'ail confit est de veiller à ce que l'huile bouille à petits frémissements et, surtout, de laisser refroidir l'ail dans l'huile. Le laurier frais donne une saveur incomparable aux gousses d'ail.*

> *L'ail confit se conserve dans l'huile, dans un contenant hermétique.*

AIL (DÉGERMER ET CISELER)

1. Éplucher les gousses d'ail, puis les couper en 2.

2. Retirer le germe vert à l'intérieur des gousses avec la pointe d'un couteau d'office.

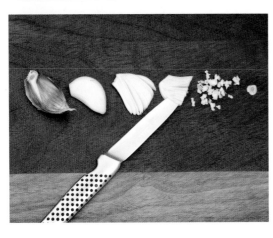

3. Ciseler les demi-gousses en coupant dans le sens de la longueur, puis dans le sens contraire, très finement.

> Un petit truc pour éplucher l'ail consiste à le mettre à l'intérieur d'un tube en caoutchouc appelé « éplucheur d'ail ». En appuyant sur le tube et en le roulant, l'ail perd sa pelure.

> L'ail nouveau est toujours plus savoureux. Pour les photos ci-dessus, j'ai utilisé de l'ail rose de Lautrec en Provence. On le retrouve notamment chez Nino au marché Jean-Talon à Montréal. Il est très cher, mais sa fermeté et son goût fin en font l'un des meilleurs au monde.

ARTICHAUT (CUIRE ET SERVIR ENTIER)

1. Sur une planche à découper, déposer l'artichaut et couper la queue près du fond.

2. Déposer une rondelle de citron sur le fond de l'artichaut, puis le ficeler pour s'assurer que les feuilles restent en place pendant la cuisson. Cuire dans un blanc de cuisson* de 30 à 45 minutes selon la grosseur.

* Blanc de cuisson : 15 ml (1 c. à soupe) de farine préalablement diluée dans 1 litre (4 tasses) d'eau froide additionnée du jus de 1 citron.

3. À la fin de la cuisson, retirer la ficelle et presser l'artichaut pour en retirer l'eau. Laisser égoutter quelques instants. Pour déguster, retirer les feuilles une à une et tremper la base dans une vinaigrette. Pour manger le fond, retirer les feuilles du centre, puis le foin à l'aide d'une cuillère parisienne.

> *L'artichaut entier garde sa fraîcheur plus longtemps si on conserve la queue.*
> *Le blanc de cuisson empêche l'oxydation du légume et permet de préserver sa couleur. De plus, une tranche de citron sur la base permet de conserver une belle couleur jusqu'à refroidissement.*

ARTICHAUT (TOURNER)

1. Conserver la queue et tailler près de la partie oxydée.

2. Si l'artichaut est très frais, casser à la main les premières feuilles tout autour. Tailler la base des feuilles cassées à l'aide d'un couteau d'office.

3. Couper les feuilles extérieures et toutes les parties vertes en tournant l'artichaut de manière à conserver une belle rondeur.

> *Le secret pour avoir un artichaut bien tourné réside dans la patience que l'on met à tailler doucement la partie verte des feuilles. En faisant pivoter l'artichaut dans la main gauche, couper de l'autre main, avec un petit couteau bien affûté, la partie verte des feuilles, petite couche par petite couche, jusqu'à atteindre la partie jaune.*

> *Pour vérifier la cuisson de l'artichaut, enfoncer un petit couteau d'office au centre. On doit sentir une légère résistance.*

ARTICHAUT (TOURNER)

4. Gratter le fond de l'artichaut à l'aide d'une cuillère parisienne et retirer le foin.

5. Citronner l'artichaut pour éviter qu'il noircisse, puis le faire tremper dans un récipient d'eau citronnée.

6. Plonger dans un blanc de cuisson* et cuire environ 15 minutes. Laisser tiédir dans le jus de cuisson.

* Blanc de cuisson : 15 ml (1 c. à soupe) de farine préalablement diluée dans 1 litre (4 tasses) d'eau froide additionnée du jus de 1 citron.

> Les fonds d'artichauts crus peuvent être utilisés pour une recette d'artichaut à la barigoule, un classique. Ils peuvent aussi être sautés ou même émincés à la mandoline, puis frits pour en faire de délicieuses chips !

> La cuisson sous vide est certainement la plus efficace pour conserver le goût et la couleur des artichauts. Mettre les artichauts dans un sac pour cuisson sous vide, ajouter de l'huile d'olive, du jus de citron et un peu de sel. Retirer l'air, puis mettre les sacs dans un bassin d'eau à 90 °C (194 °F) ou dans un four vapeur. Cuire 35 minutes.

ASPERGE BLANCHE (BLANCHIR)

1. Sur une planche de travail, couper environ 2 cm (3/4 po) à la base des asperges.

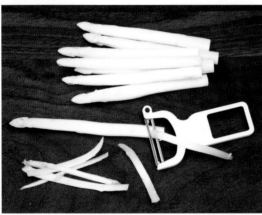

2. En les laissant à plat sur la planche, les peler de la pointe vers le pied avec un économe.

3. Les blanchir dans une grande quantité d'eau bouillante salée 5 minutes, ou plus selon leur grosseur. Vérifier la cuisson avec la pointe d'un couteau d'office. On doit sentir une légère résistance. Refroidir aussitôt dans un récipient d'eau glacée pour stopper la cuisson.

> *L'asperge verte se prépare de la même façon que la blanche. Cependant, la tendance veut que l'asperge verte ne soit pas épluchée. On doit plutôt éliminer les feuilles adossées aux asperges avec la pointe d'un couteau avant de les plonger dans l'eau bouillante salée. On s'assure ainsi qu'elles conservent leur couleur à la cuisson.*

> *Blanches ou vertes, les asperges sont un vrai régal lorsque servies avec une sauce hollandaise (voir recette, p. 155). C'est l'un de mes plats préférés !*

AUBERGINE (POUR CAVIAR)

1. Couper l'aubergine en 2 dans le sens de la longueur, puis déposer chaque moitié, côté peau, sur un lit de gros sel.

2. Avec la pointe d'un couteau, quadriller la chair, la percer à quelques endroits et la piquer de gousses d'ail en chemise. Badigeonner la chair d'huile d'olive et assaisonner. Cuire au four à 190 °C (375 °F) de 30 à 45 minutes, ou même 1 heure si l'aubergine n'est pas très mûre.

3. Retirer les gousses d'ail et les presser pour en dégager la pulpe. Retirer la chair de l'aubergine à l'aide d'une cuillère et la déposer dans un cul-de-poule. Ajouter de l'huile d'olive, la pulpe d'ail, mélanger avec un fouet et assaisonner.

> *Lorsque l'aubergine est cuite à point, sa chair se détache facilement de la peau.*

> *Une autre façon de cuire l'aubergine consiste à la passer entière sous une flamme pour en brûler la peau. La déposer ensuite sur une feuille d'aluminium, saler, poivrer et y verser un peu d'huile d'olive. Refermer le papier d'aluminium, cuire au four à 180 °C (350 °F) de 30 à 45 minutes. Peler à la sortie du four.*

AVOCAT (DÉNOYAUTER ET PELER)

1. Couper l'avocat en 2 dans le sens de la longueur en suivant le noyau avec la lame du couteau. Séparer les 2 parties.

2. Avec la lame, donner un coup sec sur le noyau en plein centre. Tourner légèrement le couteau pour détacher le noyau de la chair.

3. Faire 3 incisions de haut en bas sur la peau de chaque demi-avocat avec la pointe d'un couteau, peler et trancher.

> *Choisir un avocat semi-ferme. S'il est trop mou, il aura déjà noirci à l'intérieur et il sera difficile à travailler.*

> *Les incisions servent à éviter que l'avocat se brise en le pelant. Il est recommandé également de citronner les demi-avocats pour les empêcher de s'oxyder. On dit aussi que de mettre un noyau dans la purée l'empêche de noircir.*

> *J'adore préparer une vichyssoise avec la chair d'avocat mixée avec du bouillon de volaille, du jus de citron et du yaourt de brebis de la fromagerie La Moutonnière.*

CHAMPIGNON PORTABELLA
(GRILLER)

1. Couper le pied du champignon à la base du chapeau et retirer la peau sur celui-ci en tirant délicatement de l'intérieur vers l'extérieur.

2. Gratter les lamelles brunes sous le chapeau et tailler le petit contour fragile.

3. Conserver le champignon entier, le couper en tranches épaisses, ou en fines escalopes.

> *Pour réaliser un carpaccio de portabellas, je les tranche finement dans le sens de l'épaisseur et je dépose les tranches quelques secondes sur le gril pour les marquer. Je nappe les tranches de ma vinaigrette au balsamique (voir recette, p. 157). Un régal !*

> *Pour le portabella entier ou coupé en tranches épaisses, je le marque sur le gril après l'avoir badigeonné généreusement d'huile sur toutes ses faces.*

CHOUX DE BRUXELLES (BLANCHIR)

1. Retirer les feuilles défraîchies à la surface des choux de Bruxelles et conserver les premières belles feuilles vertes.

2. Pratiquer une petite entaille en croix à la base des choux avec la pointe d'un couteau pour faciliter la cuisson.

3. Plonger les feuilles des choux dans l'eau bouillante salée 10 secondes. Les retirer et les refroidir aussitôt dans un récipient d'eau glacée. Cuire ensuite les cœurs de 10 à 15 minutes, puis les refroidir aussitôt dans un récipient d'eau glacée pour stopper la cuisson.

> *Pour vérifier la cuisson des choux de Bruxelles, enfoncer un petit couteau d'office au centre. On doit sentir une résistance moyenne.*

> *Il est difficile d'obtenir des choux bien cuits tout en conservant leur couleur verte. C'est pour cette raison qu'il est préférable de les cuire en deux temps. Terminer la cuisson des choux en faisant sauter les cœurs bien assaisonnés dans une poêle avec du beurre, puis réchauffer les feuilles à la dernière minute pour conserver leur apparence.*

COURGE BUTTERNUT (PURÉE)

1. Couper la courge en tronçons et retirer la pelure à l'aide d'un couteau.

2. Couper chaque tronçon en 2 et retirer les graines dans la partie la plus large. Tailler en cubes égaux. Déposer les cubes sur une plaque de cuisson avec quelques gousses d'ail en chemise et les arroser d'un filet d'huile d'olive. Bien assaisonner et cuire au four à 180 °C (350 °F) de 30 à 40 minutes.

3. Mettre les cubes dans un robot culinaire et ajouter du beurre. Pulser jusqu'à l'obtention d'une consistance onctueuse. Ne pas hésiter à pulser longtemps, pour que la purée soit encore plus onctueuse.

> *Ma purée de courge Butternut est à couper le souffle! Elle accompagne à merveille les gibiers, comme une côte ou un steak d'aloyau de cerf (voir technique, p. 66). Je l'utilise également pour lier un risotto à la courge en y ajoutant une ou deux cuillerées de cette purée.*

COURGE SPAGHETTI
(SPAGHETTI VÉGÉTAL)

1. Déposer la courge dans une marmite et la recouvrir d'eau. Cuire 1 heure à petit frémissement. Pour vérifier la cuisson, exercer une petite pression du doigt sur la courge. S'il s'enfonce légèrement, la courge est cuite.

2. Couper la courge en 2 et retirer les graines et les fibres du centre.

3. À l'aide d'une fourchette, détacher la chair en filaments pour créer des spaghettis.

> *Après 1 heure de cuisson, le doigt devrait s'enfoncer légèrement dans la courge.*

> *Ces spaghettis sont faciles à réaliser et ils sont formidables avec ma fondue de tomates fraîches (voir recette, p. 151) et un peu de parmesan frais !*

CROSNE (PELER)

1. Rincer les crosnes sous l'eau froide pour bien les nettoyer.

2. Dans une casserole, les couvrir d'eau additionnée d'une pincée de sel et de 5 ml (1 c. à thé) de bicarbonate de soude par litre d'eau. Cuire à faible ébullition 5 minutes.

3. Rincer les crosnes sous l'eau froide en les frottant avec le bout des doigts ou avec du papier absorbant pour en retirer la peau.

> *Une fois cuits, les crosnes conservent une chair très blanche, et leur peau se retire facilement. Par contre, ils ne doivent pas être trop cuits, car vous pourriez les altérer en les pelant.*

> *J'utilise ce légume comme garniture, mais aussi en salade pour accompagner les carpaccios et les tartares. Au laurie raphaël, il est servi également dans le ragoût de légumes racines.*

> *Pierre-André Daignault est le jardinier qui les a popularisés au Québec, mais qui surtout a eu la patience de les cultiver et de les récolter.*

FENOUIL (BULBE CONFIT)

1. Éliminer le talon à la base du fenouil et couper les branches près du bulbe.

2. Trancher le bulbe en 2 ou en 4, selon la grosseur, et conserver le vert pour préparer l'huile de fenouil (voir technique, p. 30).

3. Immerger les bulbes dans l'huile d'olive. Cuire 1 heure à faible ébullition, ou plus selon la grosseur. Vérifier la cuisson avec un couteau d'office. Celui-ci doit le traverser sans résistance.

> *Le bulbe confit est un légume d'accompagnement sans pareil. Sa texture doit être ferme, mais fondante. Parsemé de fleur de sel, il s'exprime en bouche. Il se marie bien aussi avec des notes de café et d'agrumes.*

> *Les bulbes de fenouil confits se conservent dans leur huile de cuisson dans un contenant hermétique.*

FENOUIL (ÉMINCER)

1. Tailler le talon et couper le bulbe en 4 (voir Fenouil [bulbe confit], p. 28) et trancher finement chaque morceau à l'aide d'une mandoline chinoise.

2. Déposer les fines tranches de fenouil dans un récipient d'eau glacée.

3. Égoutter avec une araignée et bien éponger sur un papier absorbant.

> *Pour faire une salade, déposer le fenouil émincé dans un saladier, puis l'humecter d'huile d'olive, de quelques gouttes de jus de citron et l'assaisonner. Cette salade de fenouil est aussi étonnante lorsque son goût est renforcé avec l'huile de fenouil.*

> *Il faut assaisonner le fenouil au dernier moment, sinon il perdra son eau de végétation et cela aura pour effet de diluer la vinaigrette.*

FENOUIL (HUILE)

1. Recueillir le vert du fenouil (les fines branches à l'extrémité du bulbe).

2. Retirer et plonger le vert du fenouil dans l'eau bouillante salée quelques secondes. Refroidir dans un récipient d'eau glacée pour stopper la cuisson. Égoutter et éponger.

3. Déposer dans le bol du Thermomix ou du mélangeur avec de l'huile d'olive et pulser à vitesse maximum. Passer au chinois muni d'un filtre à café et laisser égoutter. Cette étape peut prendre plus ou moins de temps selon la quantité d'herbes utilisée.

> *Cette huile d'un vert éclatant est très parfumée. Elle est excellente sur des poissons crus ou fumés.*
> *Cette technique peut être utilisée pour fabriquer toutes sortes d'huiles avec des herbes fraîches, telles que le basilic et l'estragon.*

FLEUR DE COURGETTE (FARCIR)

1. Ouvrir la fleur de courgette et retirer le pistil à l'intérieur.

2. Nettoyer l'intérieur à l'aide d'un pinceau et s'assurer qu'il n'y a pas de sable ni d'insectes. Tailler l'extrémité en biseau pour la présentation.

3. Couper la courgette en 2 ou 3 dans le sens de la longueur. Farcir la fleur de courgette à l'aide d'une petite cuillère.

> *La fleur de courgette a un goût délicat. Il est préférable de préparer une farce au goût fin, pas trop corsé, avec de la chair de courgette, de l'échalote, de l'ail et de petits cubes de fromage Le Gaulois de Portneuf de Rudy Ducreux.*

> *On peut aussi la farcir de polenta, mélangée à un fromage de votre choix, ou tout simplement la passer dans une pâte à frire (voir recette, p. 133) pour en faire des beignets. En Provence, on l'accompagne d'une fondue de tomates fraîches (voir recette, p. 151).*

LAITUES VARIÉES
(NETTOYER POUR MESCLUN)

1. Tailler le trognon des minilaitues et les défaire délicatement feuille par feuille pour ne pas les briser. Tremper les feuilles dans un bol d'eau froide additionnée d'une petite pincée de sel pour éliminer les insectes.

2. Bien nettoyer en mélangeant délicatement les feuilles avec les mains, puis placer les feuilles dans une essoreuse à salade. Essorer à quelques reprises en retirant l'eau chaque fois.

3. Déposer les feuilles dans un contenant hermétique dont le fond est tapissé de papier absorbant.

> Dans les supermarchés, les mescluns sont vendus lavés et prêts à manger. Par contre, ces mélanges mollasses n'ont pas le panache et le croquant de ceux que l'on fait soi-même. Pour ce faire, laver et essorer des feuilles de laitues originales comme les feuilles de chêne, de laitue frisée, de miniromaine, etc. Arroser d'huile d'olive et de vinaigre de xérès. Ne pas oublier de toujours assaisonner les salades de sel et de poivre.

OIGNON (CISELER OU ÉMINCER)

1. Éplucher les oignons en commençant par les tailler à peine à chaque extrémité et en conservant le talon.

2. Pour l'oignon émincé : Prendre une moitié d'oignon, talon à gauche si l'on est droitier, et découper de fines lamelles dans le sens contraire des lignes obliques apparaissant sur l'oignon.

3. Pour l'oignon ciselé : Inciser dans le sens des lignes obliques apparaissant sur l'oignon, sans atteindre le talon. Tourner l'oignon d'un quart de tour et pratiquer deux incisions dans le sens de l'épaisseur. Ciseler l'oignon finement en y appuyant le bout des doigts et en se servant des phalanges pour faire glisser la lame du couteau et définir l'épaisseur. Jeter le talon à la toute fin.

> *Les oignons émincés serviront à préparer une délicieuse soupe ou une confiture d'oignons.*

> *La technique des oignons ciselés décrite ci-dessus permet de tailler les oignons très rapidement, surtout si le couteau est bien affûté. Cette technique est infaillible, et je l'enseigne à mon atelier depuis sept ans.*

> *Un couteau mal aiguisé augmente les larmoiements pendant l'opération.*

OIGNON CIPOLINI (GLACER)

1. Tailler les extrémités de chaque oignon.

2. Les plonger dans l'eau bouillante salée 30 secondes, les retirer, puis les refroidir dans un bol d'eau glacée. Peler les oignons à l'aide d'un petit couteau d'office.

3. Dans une poêle chaude, mettre un peu de beurre clarifié (voir recette, p. 146). Colorer les oignons doucement sur les 2 faces.

> *Je glace les petits oignons perle rouges ou blancs de la même façon. Ils demandent cependant moins de cuisson. Ils sont aussi très savoureux.*

4. Assaisonner et ajouter du thym et du laurier frais.

5. Déglacer avec un peu de vin, de bouillon de poulet ou de jus de veau.

6. Laisser mijoter jusqu'à réduction complète. Caraméliser, rectifier l'assaisonnement et terminer la cuisson.

> *Pour obtenir un goût plus concentré et une cuisson parfaite, ne pas hésiter pas à mouiller une deuxième fois les oignons avec un peu d'eau et réduire à sec de nouveau. Ils n'en seront que meilleurs.*

> *On peut glacer aussi les oignons uniquement avec du beurre et une pincée de sucre pour favoriser la caramélisation.*

PIMENT OISEAU (CISELER)

1. Le piment oiseau est un petit piment pointu rouge ou vert. Il a une saveur très forte et particulière. Garder la queue permet de mieux le retenir pour l'égrainer.

2. Couper les piments en 2. Gratter chaque moitié avec la lame d'un couteau d'office et retirer les membranes blanches et les pépins.

3. Couper la queue, tailler en julienne très fine et hacher dans l'autre sens.

> *J'utilise ce piment dans mon appareil à gâteau de poisson, marié à de la coriandre fraîche et à de la mayonnaise. Ce plat est exquis, surtout lorsqu'il est accompagné de ketchup maison.*

> *Il est important de porter des gants de vinyle (ceux en latex causent des allergies chez plusieurs personnes) pour la manipulation des piments afin d'éviter les irritations.*

POIVRON ROUGE (GRILLER)

1. Laver les poivrons et les couper en 2 en conservant la tige. Les mettre à plat sur une tôle de cuisson et les badigeonner d'huile d'olive.

2. Les soumettre à une chaleur vive sous la salamandre ou le gril pendant au moins 15 minutes. Lorsque la peau est brune et légèrement noircie, les déposer sur une grille et laisser tiédir environ 20 minutes.

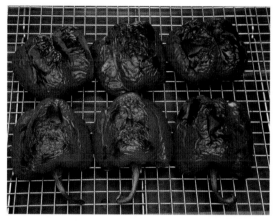

3. Peler les poivrons en les tenant par la tige et retirer le cœur et les graines. Jeter les cœurs, les graines et les tiges. À l'aide d'un couteau d'office, retirer les nervures blanches. Tailler en lanières de 2,5 cm (1 po) de largeur ou selon la grosseur désirée. Humecter d'huile d'olive, assaisonner et marquer sur le gril.

> *Peu importe la façon dont on expose les poivrons à la chaleur vive (dans la friteuse, à la flamme, directement sur la cuisinière au gaz, sous le gril du four), il est important de ne pas les brûler, pour éviter qu'ils prennent un goût amer. Griller des poivrons peut prendre jusqu'à 30 minutes selon leur grosseur.*

POMME DE TERRE (FRITES)

1. Éplucher les pommes de terre et couper chaque extrémité. Tailler les pommes de terre en tranches de 1 cm (3/8 po) d'épaisseur, puis en bâtonnets de 1 cm (3/8 po) X 6 cm (2 1/2 po).

2. Rincer les bâtonnets de pommes de terre à l'eau froide et bien les éponger sur un linge propre.

3. Les blanchir 2 minutes dans l'huile chauffée à 125 °C (250 °F). Égoutter les pommes de terre dans le panier à friture, puis les déposer sur un papier absorbant. Augmenter la température de l'huile à 180 °C (350 °F). Au moment de servir, plonger de nouveau les pommes de terre dans l'huile et les cuire jusqu'à une belle coloration. Égoutter sur du papier absorbant et saler.

> Pour des frites de grosseur uniforme, utiliser une règle au moment de les tailler.

> Clément Jean, un grand chef belge, m'a révélé un secret : utiliser du gras de bœuf pour la friture. En passant, il est tombé amoureux de notre poutine.

> Les frites à la fois fondantes et croustillantes sont rares ! Pour les réussir, la sorte de pommes de terre utilisée est importante. Celles à chair jaune comme la Yukon Gold sont excellentes. Mais le grand secret est de les blanchir et, surtout, de ne pas utiliser de pommes de terre nouvelles.

POMME DE TERRE (PURÉE)

1. Éplucher les pommes de terre à l'aide d'un économe et les couper en cubes de même grosseur.

2. Cuire les pommes de terre dans une casserole d'eau salée jusqu'à ce qu'elles soient cuites à point, en évitant cependant de trop les cuire. Les égoutter dans une passoire et les piler avec un pilon ou avec un presse-purée dans la casserole.

3. Porter à ébullition la crème et le beurre. Ajouter aux pommes de terre pilées. Battre vigoureusement au batteur électrique ou au malaxeur (de type Kitchen Aid) avec le fouet jusqu'à l'obtention d'une purée crémeuse.

> *Pour éviter le gaspillage, utiliser un bon économe pour éplucher les pommes de terre.*

> *Cette purée doit être mixée lorsque les pommes de terre sont encore chaudes. La crème et le beurre doivent également être chauds au moment où on les incorpore aux pommes de terre. On peut également remplacer la crème par du lait.*

> *Ma blonde Suzanne adore mettre une peu de ciboulette ciselée dans cette purée. Pour ma part, j'aime servir celle-ci avec des plats en sauce, un lapin à la moutarde ou un bœuf bourguignon.*

POMMES DE TERRE (SOUFFLÉES)

1. Éplucher les pommes de terre et les couper en fines tranches de 2 mm d'épaisseur à l'aide d'une mandoline chinoise. Bien les éponger, mais ne pas les rincer à l'eau froide. Les tailler de nouveau à l'aide d'un emporte-pièce pour leur donner une forme ronde parfaite d'environ 5 cm (2 po) de diamètre.

2. Préparer 2 bains de friture avec au moins 1 litre (4 tasses) d'huile végétale dans chacune des casseroles. Déposer un thermomètre dans le premier bain de friture et atteindre une température allant de 130 °C à 140 °C (de 270 °F à 285 °F) maximum. Mettre à cuire environ 6 tranches de pommes de terre à la fois et remuer la casserole constamment dans un mouvement circulaire pendant 3 minutes et demie, puis les retirer à l'aide d'une araignée.

3. Plonger immédiatement les tranches de pommes de terre dans l'autre bain de friture, de 160 °C à 170 °C (de 325 °F à 345 °F), et les arroser constamment avec une araignée les premières secondes. Une fois les pommes de terre soufflées, les cuire comme des frites pour leur donner une belle couleur dorée. Égoutter les pommes de terre sur du papier absorbant et les assaisonner.

> Deux thermomètres et une minuterie pour les bains de friture facilitent beaucoup la tâche pour réaliser cette technique. N'hésitez pas à faire quelques tests selon l'épaisseur de la pomme de terre. Le secret pour réussir cette technique est de secouer la casserole pendant la première cuisson pour créer un tourbillon et éviter que les pommes de terre se touchent. Il est conseillé également d'utiliser la pomme de terre Agria ou la Yukon Gold.

> Déposer les pommes de terre soufflées sur un steak d'aloyau de cerf (voir technique, p. 66)ou sur un suprême de canard rôti (voir technique, p. 80). Vos convives seront émerveillés!

POMMES DE TERRE
(TOURNÉES, CUISSON À L'ANGLAISE)

1. Couper les pommes de terre en 4 dans le sens de la longueur et aplanir chaque extrémité.

2. Tenir fermement un quartier de pomme de terre entre l'index et le pouce de la main gauche. De la main droite, donner un mouvement arrondi au couteau, comme si on suivait la forme d'un œuf pour obtenir 7 faces sur la pomme de terre. Cuire les pommes de terre à l'anglaise, dans une casserole d'eau salée, environ 10 minutes à faible ébullition.

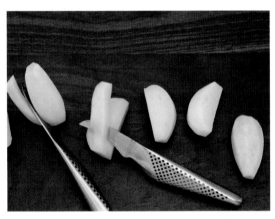

3. Déposer les pommes de terre dans une sauteuse avec du beurre salé et de la ciboulette. Rectifier l'assaisonnement.

> Cette technique de cuisine qui consiste à tourner des pommes de terre est un classique de la grande cuisine française. Vous aurez plus de facilité à la réussir et à obtenir la forme recherchée si vous utilisez une pomme de terre ronde.

> Les pommes de terre tournées sont très chic et elles accompagnent à merveille le saumon poché à la sauce hollandaise. On peut également les faire rissoler.

SCORSONÈRE ET SALSIFIS (RÔTIR)

1. Laver et brosser les scorsonères à l'eau froide. Les peler délicatement à l'économe en prenant soin de conserver leur forme ronde et, par souci d'économie, un peu de pigmentation foncée.

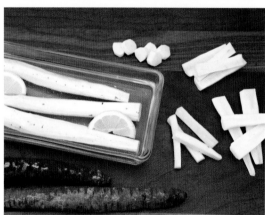

2. Les plonger au fur et à mesure dans un récipient d'eau citronnée pour les empêcher de s'oxyder. Couper les scorsonères en bâtonnets égaux et les blanchir 5 minutes dans une bonne quantité d'eau bouillante salée. Les retirer et les refroidir dans un récipient d'eau glacée. Égoutter et éponger.

3. Utiliser une poêle avec un fond en inox miroir de type All-Clad et y faire chauffer du beurre clarifié (voir recette, p. 146). Déposer les bâtonnets en une couche uniforme pour les rôtir sur chaque face.

> *Émincés en rondelles, ils ajoutent une touche d'originalité à un ragoût de légumes racines composé de crosnes et de topinambours, ou, lorsqu'ils sont coupés en petits cubes, à une macédoine de légumes.*

> *Après les avoir blanchis, on peut également les rôtir dans du beurre clarifié (voir recette, p. 146) et terminer la cuisson au four quelques minutes. Une toute nouvelle saveur à découvrir.*

TOMATE (MONDER POUR UNE BRUNOISE)

1. Retirer le pédoncule de la tomate avec la pointe d'un couteau d'office et faire une incision peu profonde en forme de croix à l'autre extrémité de la tomate.

2. Plonger les tomates dans l'eau bouillante de 10 à 15 secondes, selon leur degré de maturité. Retirer et refroidir dans un bol d'eau glacée pour stopper la cuisson. Enlever la peau des tomates avec les doigts.

3. Couper les tomates en 4. Glisser la lame du couteau entre la pulpe et le cœur (conserver la pulpe pour la sauce tomate). Découper chaque quartier en lanières, puis en brunoise.

> *Cette brunoise de tomates, délicate et fondante en bouche, me sert pour une multitude de recettes. Je l'utilise lorsque je fais une sauce vierge (voir recette, p. 156) à servir sur des poissons grillés ou pour parfumer un beurre blanc au basilic (voir recette, p. 145). Je l'utilise également pour faire une fondue de tomates fraîches (voir recette, p. 151) que je dépose sur des épinards.*

TOPINAMBOUR (RAGOÛT)

1. Laver et brosser les topinambours sous l'eau froide pour bien les nettoyer.

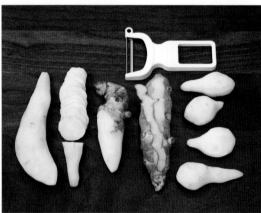

2. Les peler avec un économe et les couper en rondelles de 0,5 cm d'épaisseur.

3. Dans une poêle, faire revenir de l'échalote émincée et de l'ail haché dans du beurre clarifié (voir recette, p. 146). Ajouter les topinambours, mouiller avec de la crème, cuire environ 15 minutes et égoutter. Réduire le liquide. Hacher finement de la truffe fraîche et l'ajouter à la réduction (facultatif). Rectifier l'assaisonnement, puis ajouter les rondelles de topinambour.

> *Le topinambour est un légume dont la saveur se rapproche de celle de l'artichaut.*

> *De fines rondelles de topinambour cuites sous vide une vingtaine de minutes à 80 °C (170 °F) dans un sirop léger, acidulé, au vinaigre de cidre sont succulentes, et peuvent être utilisées dans les salades pour remplacer les artichauts.*

> *Quand je fais mon velouté de topinambours, je les cuis dans du bouillon de volaille et de la crème. Le potage conserve une belle couleur blanche et je le parfume de quelques gouttes d'huile de truffe blanche qui rehausse à merveille sa saveur.*

TRUFFE FRAÎCHE (LAMELLES)

1. Brosser les truffes et les essuyer avec un linge humide.

2. Les gratter avec le côté non tranchant de la lame d'un couteau d'office pour égaliser la surface et retirer la partie rugueuse qui contient parfois du sable.

3. À l'aide d'une mandoline chinoise ou à truffe, les trancher finement.

> Les truffes se conservent dans du papier absorbant humide ou dans le riz à risotto sec (qui absorbe une partie de leur odeur), mais toujours dans un contenant hermétique. Fraîches, on les trouve à partir de la mi-novembre pour la truffe blanche d'Alba, et à partir de la mi-décembre pour la truffe noire du Périgord.

> Pour une aventure mémorable, il faut goûter ces petits bijoux rares sur un risotto fumant, une purée de pommes de terre ou une brouillade d'œufs. Les lamelles de truffes doivent être aussi minces qu'une feuille de papier.

ABATS, VIANDES ET VOLAILLES

47

AGNEAU (FOIE POÊLÉ)

1. Pincer la peau du foie en surface pour la déchirer. Glisser une cuillère ou les doigts sous la membrane et la retirer en tirant délicatement. Répéter à plusieurs reprises, par petites sections.

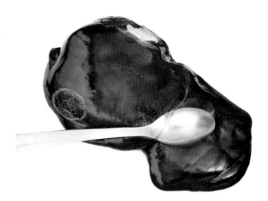

2. Retirer les artères sous le foie, qui empêcheraient de détailler de belles tranches. Escaloper des tranches de 1,5 cm d'épaisseur. Assaisonner avec du sel et du poivre.

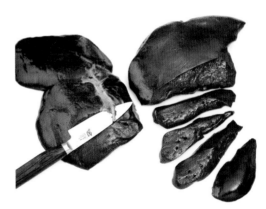

3. Faire chauffer de l'huile d'olive et du beurre frais dans une poêle. Saisir les escalopes sur les 2 faces. Jeter le gras de cuisson, ajouter du beurre frais, un peu d'ail haché finement et du persil haché. Bien remuer et servir.

> *Pour moi, le foie d'agneau est sans conteste le meilleur. Son goût particulier me séduit à chaque bouchée. Sa cuisson, rosée de préférence pour en maximiser le goût, doit être réalisée à la dernière minute. Rien de meilleur que de le rôtir au beurre et d'ajouter, au dernier moment, de l'ail et du persil. Cela s'appelle une « persillade » (voir recette, p. 152). Quel festin !*

CANARD (FOIE GRAS POÊLÉ)

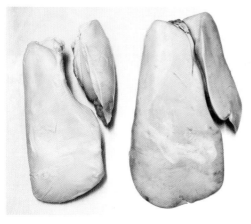

1. Séparer les 2 lobes d'un foie gras d'environ 450 g (1 lb) à froid.

2. Dénerver partiellement en tirant les nerfs apparents sous les lobes, puis couper en tranches d'environ 60 g (2 oz) chacune. Faire un léger quadrillage sur chaque tranche avec la pointe du couteau et assaisonner avec du poivre du moulin et de la fleur de sel.

3. Chauffer une poêle à blanc et y déposer les tranches, surface assaisonnée au fond de la poêle. Vidanger la poêle du gras de cuisson à quelques reprises pendant la cuisson, afin d'assurer une belle caramélisation. Lorsque les tranches sont bien dorées d'un côté, les tourner 15 secondes de l'autre côté, puis les déposer sur une tôle à cuisson. Réchauffer 10 secondes au moment de servir.

> Le gras de cuisson du foie n'est pas utilisable. Par contre, celui qui exsudera du foie déposé sur la tôle est délicieux et peut être remis dans la sauce.

> Il existe deux écoles de pensée quant à la température du foie avant la cuisson. La première école soutient que le foie doit être très froid pour éviter qu'il fonde exagérément dans la poêle. La seconde soutient que le foie doit être à la température de la pièce pour réduire le temps de cuisson et atteindre la chaleur au centre plus rapidement.

> Pour ma part, je considère que cela dépend de la fraîcheur du foie gras. Plus on s'éloigne de la date de l'abattage, plus il perdra de gras, donc plus on doit le mettre froid dans la poêle.

> J'ai mangé du foie gras de toutes les façons, mais c'est déglacé au vin liquoreux et accompagné d'une poêlée de fruits exotiques que je l'apprécie le plus.

> Vous ferez bien ce qui vous plaira, mais n'oubliez pas la règle de trois: escalope de foie gras pas trop mince, foie gras très frais, saisi rapidement.

J'ai mangé du foie gras de toutes les façons, mais c'est déglacé au vin liquoreux et accompagné d'une poêlée de fruits exotiques que je l'apprécie le plus.

CANARD (TERRINE DE FOIE GRAS)

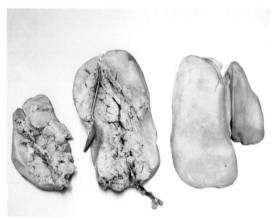

1. Séparer les 2 lobes du foie gras et faire une incision de haut en bas sur les lobes, à l'aide d'une cuillère à thé.

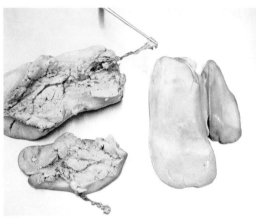

2. Glisser la cuillère sous les nerfs et les veines du foie, puis les retirer avec une pince ou avec les doigts.

3. Dégorger les 2 lobes dans l'eau glacée quelques heures pour les débarrasser de leur sang et bien les éponger.

> *Cette technique demande de tempérer le foie gras de 30 à 60 minutes, selon la température de la pièce, avant de le dénerver.*

> *La quantité de sel et de poivre est très importante lorsqu'on fait un foie gras en terrine: 12 g de sel au kilo et 2 g de poivre blanc moulu. La quantité d'alcool l'est également: 30 ml (2 c. à soupe) de cognac et 60 ml (1/4 tasse) de vin liquoreux au kilo.*

4. Assaisonner le foie gras sur les 2 faces et le faire mariner avec les alcools dans un récipient recouvert d'une pellicule de plastique pendant 12 heures au frigo.

5. Superposer les morceaux de foie dans une terrine et bien les souder en pesant avec les doigts. Mettre à cuire au four au bain-marie environ 30 minutes.

6. À la sortie du four, laisser tempérer le foie 1 heure, puis placer une planche de bois ou de plastique recouverte d'un poids (500 g / 1 lb) à l'intérieur de la terrine. Déposer la terrine sur une tôle et la mettre au réfrigérateur une nuit. Une fois la terrine bien refroidie, récupérer le gras, le faire fondre et le verser doucement sur la terrine.

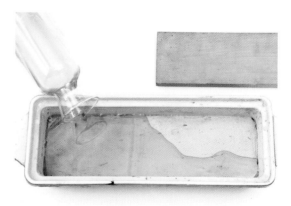

> *Pour ce qui est de la cuisson, la chaleur à cœur du foie gras doit atteindre 47 °C (100 °F) maximum avec la sonde ou le thermomètre. On atteint généralement cette température à cœur au bout de plus ou moins 30 minutes avec un four réglé à 82 °C (175 °F).*

> *Couper le foie directement dans la terrine et accompagner de toasts de pain brioché et d'un verre de Château d'Yquem.*

VEAU (RIS)

1. Faire dégorger les ris une nuit entière dans l'eau froide pour les débarrasser de leur sang. Peler les noix de ris de veau en faisant glisser la lame du couteau entre la fine membrane et le ris sur toutes les faces.

2. Mettre les ris dans une casserole, les recouvrir de court-bouillon (voir recette, p. 149). Commencer la cuisson à froid, avec un peu de vinaigre pour qu'ils conservent une belle couleur crème, porter à ébullition et blanchir 1 minute.

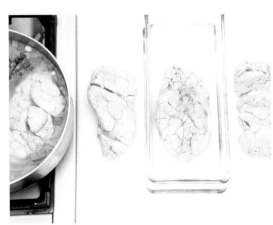

3. Retirer aussitôt du feu et les laisser refroidir dans le court-bouillon. Égoutter les ris et les déposer dans un récipient sous presse entre 2 linges avec un poids sur celui du dessus. Laisser reposer au frigo quelques heures pour les aplatir.

> *Il ne reste plus qu'à assaisonner les ris, les saisir à la poêle dans du beurre clarifié (voir recette, p. 146) et bien les colorer en les arrosant de beurre noisette, et ajouter, à la mi-cuisson, une cuillère de beurre frais. Dans le cas d'une belle noix, poursuivre la cuisson au four 10 minutes à 160 °C (325 °F) pour s'assurer d'une cuisson uniforme.*

> *Servez-les avec une sauce aux morilles, ils feront de vous un cordon-bleu.*

> *Les beaux ris de veau sont difficiles à trouver. Demandez à votre boucher de belles noix de ris de veau sans chaînette.*

> *Beaucoup de gens se plaignent de ne pas réussir les ris de veau. Pourtant, si on respecte l'étape de précuisson et celle du pressage qui raffermit les chairs et rend la texture plus agréable en bouche après la cuisson, le tour est presque joué.*

Demandez à votre boucher de belles noix de ris de veau sans chaînette.

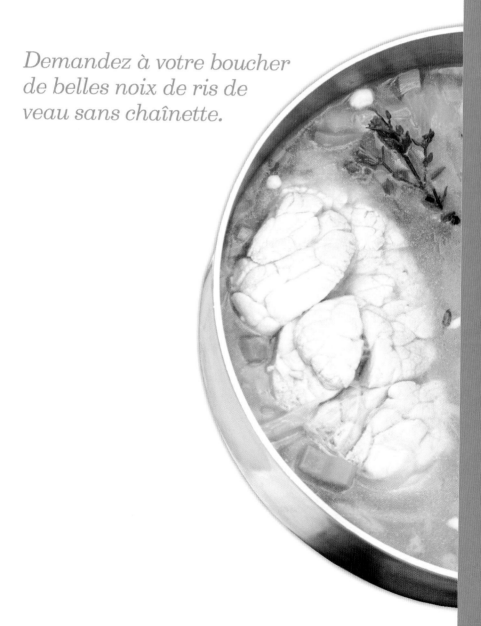

VEAU (ROGNON)

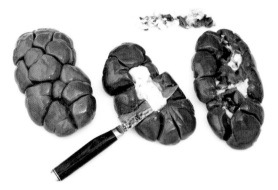

1. Retirer la fine membrane si nécessaire, puis la graisse blanche autour et sous le rognon. Inciser l'intérieur du rognon sous le gras et le nerf avec la pointe du couteau pour les éliminer.

A   B   C   D

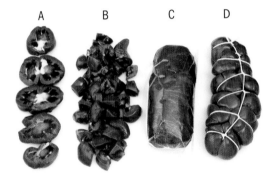

2. Couper le rognon de façon à séparer les lobes. Détailler les lobes en cubes de 1,5 cm (B).

3. Poêler les rognons rapidement, puis les mettre dans un tamis ou une passoire 1 ou 2 minutes pour laisser le sang s'égoutter. Pendant ce temps, faire la sauce, remettre les rognons dans la sauce et terminer la cuisson.

> Pour la sauce moutarde, faire revenir des échalotes françaises hachées dans la poêle de cuisson avec une noix de beurre, puis les déglacer au vin blanc. Réduire de moitié, ajouter du fond de veau, de la crème et de la moutarde de Dijon. Rectifier l'assaisonnement, ajouter les rognons saisis, puis laisser mijoter 30 secondes. Servir aussitôt. Les rognons de veau à la moutarde sont ceux que je préfère.

> On peut aussi couper les rognons en rondelles (A), les assaisonner et les griller vivement, ou alors les ficeler (D), les poêler et terminer la cuisson au four. Récemment, je les ai cuits sous vide (C) 1 heure à 60 °C (125 °F). Une fois refroidis, les retirer du sac, les rôtir à la poêle dans du beurre, bien les colorer et les trancher. Quelle tendreté ! (voir photo étape 2).

Les rognons de veau à la moutarde sont ceux que je préfère.

AGNEAU (CARRÉ FRANÇAIS)

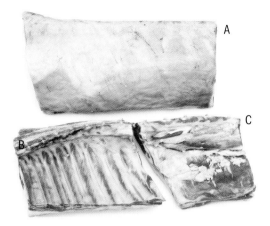

1. A : Longe d'agneau entière
B : Carré
C : Longe courte

2. Couper l'os de l'échine avec une scie à boucherie et retirer la peau sur le dessus du carré.

3. Faire une marque en perçant la chair entre les côtes avec le couteau pour délimiter la longueur des côtes à gratter sur le carré.

> *Le carré est sans aucun doute la partie la plus prisée de l'agneau. Son goût fin et sa tendreté en font un mets d'exception, à condition que l'animal ait vieilli une bonne semaine sur sa carcasse et que la cuisson soit parfaite.*

4. Gratter l'arrière des os des côtes avec le couteau, puis avec les doigts, presser la chair entre les côtes vers le bas pour la dégager de chacune des côtes. Couper l'excédent de chair.

5. Pour la cuisson, pratiquer des incisions sur le gras avec le couteau et ficeler selon la méthode du boucher. Assaisonner avec un sel parfumé aux épices.

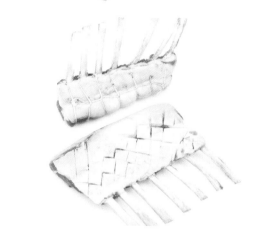

6. Chauffer une poêle assez grande et y déposer le carré avec du beurre clarifié (voir recette, p. 146). Saisir d'abord le côté du gras jusqu'à ce qu'il soit bien coloré. Tourner le carré et bien saisir le dessous. Ajouter du beurre frais dans la poêle et arroser pendant 5 minutes. Terminer la cuisson au four à 160 °C (325 °F) pendant 10 minutes. Laisser reposer, puis trancher.

> Le secret de la réussite du carré d'agneau réside dans le temps de repos. Celui-ci doit égaler le temps de cuisson de la viande.

AGNEAU (GIGOT FARCI)

1. Le gigot d'agneau du Québec est d'une qualité exceptionnelle. Pour cette technique, utiliser un gigot de 2 kg (4 lb 4 oz).

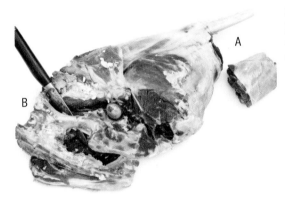

2. Manchonner le bout du jarret (A). Retirer l'os du quasi (B) en prenant soin de ne pas abîmer la chair.

3. Dégager l'os du fémur avec la pointe d'un couteau à désosser en coupant autour et en avançant vers l'autre extrémité sans ouvrir le gigot en 2.

3. Tourner le gigot, faire une incision au niveau de l'articulation. Couper à nouveau autour de l'os pour le dégager complètement.

5. Assaisonner l'intérieur de la cavité de sel, de poivre, de thym et de romarin haché. Piquer 3 gousses d'ail coupées en 2 à 6 endroits différents.

6. Ficeler le gigot, le mettre dans une rôtissoire, le badigeonner d'huile d'olive, bien l'assaisonner et déposer autour les os concassés et une mirepoix. Cuire au four à 230 °C (450 °F) de 15 à 20 minutes pour lui donner une belle coloration, baisser la température à 160 °C (325 °F) et cuire 30 minutes. Laisser reposer au moins 30 minutes. Pendant ce temps, réaliser la sauce en préparant un jus raccourci avec les os (selon la recette du jus raccourci de canard, p. 151).

BŒUF (CARPACCIO)

1. Parer le filet de bœuf à l'aide d'un couteau à désosser en partant de la tête vers la queue et en glissant la lame entre la peau coriace et la chair.

2. Couper le filet en tranches de 100 g (3,5 oz). Déposer chaque tranche entre 2 pellicules de plastique et les aplatir en tranches minces à l'aide d'une abatte.

3. Retirer la pellicule de plastique du dessus, déposer sur une assiette côté chair et retirer la seconde pellicule. Tailler pour égaliser si la tranche est plus grande que l'assiette.

> Le carpaccio de bœuf est une recette très populaire, qui est souvent réalisée avec des viandes de deuxième ou de troisième qualité. Ne pas hésiter à utiliser le filet de bœuf et, surtout, à bien l'assaisonner.

> Pour faire de beaux carpaccios, le centre du filet (le cœur) est parfait. On réserve la tête pour le chateaubriand, une grande recette classique presque disparue qui consiste à rôtir la tête entière du filet et à la servir avec une bouquetière de légumes et une sauce béarnaise (voir recette, p. 153). La queue du filet peut être coupée en cubes pour préparer des brochettes, et la chaînette, passée au moulin à viande pour faire du bœuf haché.

> Pour relever la saveur de cette viande crue, une marinade au vinaigre balsamique s'impose (voir recette, p. 157). Et pour vous gâter durant la période des fêtes, ajoutez-y quelques lamelles de truffe fraîche.

> En terminant, le boeuf Angus de la ferme Eumatami est d'une qualité exceptionnelle. Recherchez-le !

Ne pas hésiter à utiliser le filet de bœuf et, surtout, à bien l'assaisonner.

BŒUF (BAVETTE)

1. Parer la bavette entière sur les 2 côtés avec un bon couteau à désosser.

2. Couper la bavette en 3 dans le sens de la fibre, puis détailler des tranches assez épaisses, de 120 g (4 oz) à 150 g (5 oz) chacune, dans le sens contraire des fibres. Assaisonner juste avant la cuisson.

3. Bien saisir les 2 côtés de la bavette dans une poêle très chaude, avec du beurre clarifié (voir recette, p. 146). Laisser reposer la viande sur une tôle de cuisson. Pendant ce temps, jeter le gras de cuisson et remettre du beurre frais dans la poêle, faire rissoler une échalote française émincée avec le gras de cuisson, déglacer au vinaigre de vin et verser sur la bavette.

> *La bavette est à son meilleure saignante. Elle est tranchée dans le sens contraire des fibres pour maximiser sa tendreté. Dans l'assiette, elle sera plus facile à couper avec le couteau à steak.*

BŒUF (MOELLE RÔTIE À L'OS)

1. Dégorger les os dans beaucoup d'eau froide au réfrigérateur pendant au moins 24 heures, en changeant l'eau à quelques reprises.

2. Gratter les os avec un couperet ou le dos de la lame rigide d'un couteau pour bien les nettoyer. Mettre les os sur une plaque et déposer une noisette de beurre et un peu de fleur de sel sur la moelle.

3. Rôtir au four à 180 °C (350 °F) sur la grille du centre environ 20 minutes.

> *Vérifier la cuisson avec une brochette en métal. Elle doit s'enfoncer sans résistance et être chaude lorsqu'on la retire. Mieux, poser la lèvre inférieure sur la brochette pour avoir l'heure juste. C'est encore le meilleur thermostat.*

> *Il est très difficile de couper les os soi-même. Demander au boucher de les couper dans le centre d'un fémur de bœuf, dans le sens de la longueur ou en tronçons.*

> *La moelle rôtie est d'une telle délicatesse qu'une petite quantité suffit pour se réjouir! Servie avec de la fleur de sel et du pain grillé, elle est un régal!*

CERF (STEAK D'ALOYAU, *T-BONE*)

1. Avec le couteau à désosser, trancher la chair de la longe ainsi que le filet, jusqu'à toucher l'os de l'échine (colonne vertébrale).

2. Sectionner l'os en frappant avec le couperet.

3. Bien assaisonner le steak d'aloyau, puis le saisir dans une poêle sur les 2 faces dans du beurre clarifié (voir recette, p. 146). Une fois le steak saisi, ajouter le beurre frais et rôtir doucement en arrosant régulièrement. Servir saignant ou à point.

> *Pour sectionner l'os, un truc intéressant afin d'éviter d'abîmer la viande consiste à placer le couperet au bon endroit et à donner des coups secs dessus avec l'abatte.*

> *Le steak d'aloyau (souvent appelé « T-bone ») est une partie de choix, surtout pour le cerf qui est une viande très tendre. Le faux-filet et le filet de chaque côté remplissent l'os en forme de T. La viande cuite sur l'os est toujours appréciée. Il est important de ne pas trop la cuire, car la chair devient sèche rapidement.*

> *On doit aussi dénuder complètement le steak d'aloyau de son gras pour éviter de couper dans le nerf au moment de déguster. Ne ficeler que les steaks d'aloyau dont le filet a tendance à se détacher pour garder leur forme, puis les assaisonner.*

> *Pour ma part, je commence toujours par déguster le filet. Savourer l'os jusqu'à la dernière bouchée en mangeant avec les doigts, c'est encore meilleur. Les sauces aux petits fruits sauvages comme les airelles ou la chicoutai sont des classiques qui accompagnent le mieux le gibier d'élevage.*

Le steak d'aloyau est une partie de choix, surtout pour le cerf qui est une viande très tendre.

LAPIN (DÉSOSSÉ, RÂBLE FARCI)

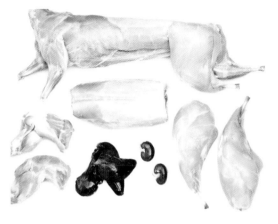

1. Retirer le foie et les rognons. Pour dégager le râble, le séparer d'abord du bloc épaule, en coupant à la jonction des côtes, près des épaules et en faisant pénétrer la pointe d'un couteau à désosser. Terminer avec le couperet. Pour séparer ensuite le râble du bloc cuisse, inciser la chair à la jonction des flancs et du haut des cuisses, et couper l'os avec le couperet. Le râble allongé est prêt à être désossé.

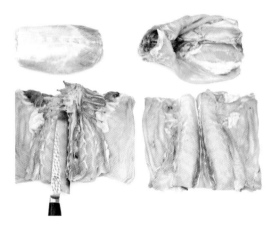

2. Avec le couteau, longer par l'intérieur les petites côtes et la colonne vertébrale de chaque côté pour dégager l'échine délicatement sans percer la chair.

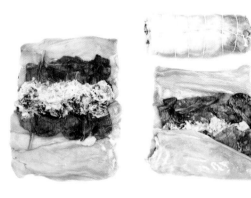

3. Mettre la chair à plat sur une planche de travail, assaisonner, puis étaler les épinards. Ajouter la farce. Replier les flancs soigneusement, ficeler et assaisonner.

> *Pour faciliter le désossage, gratter d'abord derrière les petites côtes, puis dégager la chair avec les doigts. Inciser sous le carré avec la pointe du couteau et, en prenant son temps, suivre doucement l'os de l'échine (colonne vertébrale).*

> *Le moment crucial est lorsque l'on atteint le dessous de l'os de l'échine, car la couche de peau est très mince à cet endroit.*

4. Déposer les râbles dans un sautoir avec un peu de beurre clarifié (voir recette, p. 146) et saisir sur toutes les faces avec quelques gousses d'ail confites (voir technique, p. 15) et une branche de thym frais. Terminer la cuisson au four à 160 °C (325 °F) de 10 à 12 minutes en l'arrosant de temps en temps avec le beurre de cuisson.

5. Retirer la ficelle avec des ciseaux. Couper le râble en tranches d'au moins 2,5 cm (1 po) d'épaisseur avec un couteau bien affûté.

> *Pour farcir le râble, on peut utiliser une farce fine faite avec la chair des cuisses, des épaules et des morilles, et déposée sur un lit de feuilles d'épinards poêlées. En fait, il s'agit d'éléments qui tiennent bien en place au moment de replier les flancs et de ficeler le râble.*

> *Pour préparer vos râbles, recherchez le lapin de la ferme Stanstead dont la chair est particulièrement saine et savoureuse.*

VEAU (ESCALOPE)

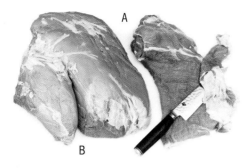

1. Peler la noix de veau avec un couteau à désosser, puis séparer le premier muscle qui recouvre la noix.

2. Couper de belles tranches de 1 cm d'épaisseur dans la partie la plus large de la noix, pour éviter de trop taper la viande avec l'abatte et la déchirer.

3. Déposer chaque tranche entre 2 feuilles de pellicule plastique et aplatir avec l'abatte pour former l'escalope. Séparer chaque escalope avec une feuille de papier de boucherie.

> *Pour réussir la cuisson de l'escalope, il est préférable de la fariner légèrement et de la secouer pour en faire tomber l'excédent. La saisir rapidement dans du beurre clarifié (voir recette, p. 146) pour éviter de trop la cuire et la napper de sauce au dernier moment. La sauce adhérera facilement à la viande à cause de la farine.*

> *Le morceau collé à la noix (A) est moins tendre. Le conserver pour la blanquette. La noix, elle, se sépare en deux (B), et le plus petit morceau est le pendant de la poire de bœuf.*

> *Les escalopes ont environ 0,5 cm d'épaisseur et jusqu'à 20 cm de circonférence.*

> *Les médaillons appelés « piccata » ou « scalopine » ont la même épaisseur que l'escalope, mais sont faits avec du filet mignon et ont généralement 7 cm ou 8 cm de circonférence. Par souci d'économie, je vous autorise à utiliser un muscle de la fesse. Des trois morceaux composant la fesse de veau, la noix est le premier choix, suivie de la sous-noix et de la noix pâtissière.*

> *Mes recettes italiennes préférées sont la saltimbocca a la romana, la piccata au citron et l'escalope parmigiana.*

Des trois morceaux composant la fesse de veau, la noix est le premier choix, suivie de la sous-noix et de la noix pâtissière.

VEAU (LANGUE)

1. Faire pocher la langue dans un court-bouillon (voir recette, p. 149) au moins 2 heures ou jusqu'à tendreté. Ajouter de l'eau au besoin. La lame d'un couteau d'office doit pénétrer facilement la chair, mais il faut éviter de trop cuire la viande. Égoutter et laisser tempérer quelques minutes.

2. Inciser légèrement la partie supérieure en plein centre, puis retirer la peau épaisse à la surface. Celle-ci doit s'enlever facilement.

3. Escaloper d'abord la partie la plus mince (le bout de la langue) et découper en tranches de 1 cm la partie la plus épaisse. Napper de sauce ravigote (voir recette, p. 152) et assaisonner d'un tour de moulin à poivre et de fleur de sel.

> *Pendant mon apprentissage, j'ai appris à aimer ce plat pour lequel je ferais des kilomètres à pied.*

> *La sauce classique à servir avec la langue de veau est la sauce piquante, qui en fait ne l'est pas vraiment. C'est plutôt une sauce aigre à base de vin blanc, vinaigre de vin, échalote, cornichon et poivre mignonnette, le tout mouillé avec un fond de veau (voir recette, p. 150). En version froide, la servir avec la sauce ravigote (voir recette, p. 152).*

CAILLE (DÉSOSSÉE, EN CRAPAUDINE)

1. Couper le cou (s'il y a lieu), le bout des ailes et des cuisses de la caille avec des ciseaux à volaille et les manchonner. Faire une incision sur le dos et couper la peau sur toute la longueur. Commencer à déloger la peau avec le couteau d'office.

2. Avec la pointe du couteau, sectionner, puis défaire les petites articulations des ailerons et des cuisses. Longer d'un côté les os du coffre en grattant avec la lame pour dégager les chairs. Procéder de la même façon de l'autre côté.

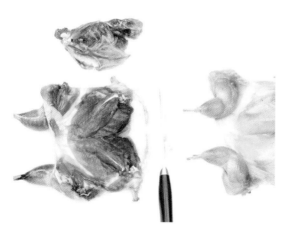

3. Une fois au bout de l'os de la poitrine, détacher délicatement mais fermement le coffre avec les doigts en s'assurant qu'il ne reste pas de chair des 2 petits filets attachée au coffre. Gratter l'excédent de gras sur la peau du cou.

> *Pour bien des cuisiniers amateurs, désosser les cailles relève de la chirurgie esthétique.*

> *Pourtant, ces petits volatiles sont faciles à désosser pour peu qu'on leur donne un peu de temps, de patience et d'amour.*

• *Règle nº 1: Utiliser un petit couteau d'office bien affûté.*

• *Règle nº 2: Les travailler immédiatement en les sortant du frigo, sinon le gras ramollira et elles deviendront plus difficiles à manipuler.*

• *Règle nº 3: Utiliser des cailles fraîches, grosses ou extragrosses. On trouve sur le marché des cailles congelées et tellement petites que vous aurez encore plus de difficulté à les désosser. Alors pourquoi ne pas vous aider en choisissant de belles grosses cailles fraîches comme celles de la ferme Besnier ?*

> *Pour la cuisson, bien huiler et assaisonner les cailles sur les deux faces, puis les mettre côté peau sur le gril. Cuire 2 ou 3 minutes de chaque côté. Les déposer sur une salade et les arroser d'une vinaigrette aux lardons.*

Travailler les cailles immédiatement en les sortant du frigo, sinon le gras ramolira et elles deviendront plus difficiles à manipuler.

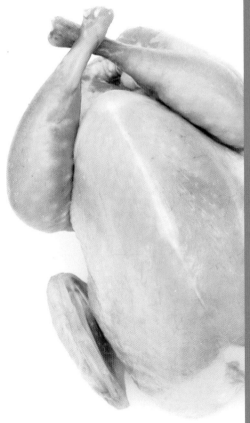

CANARD (CUISSE CONFITE)

1. Préparer le sel pour confit.* Frotter les cuisses avec ce mélange sur les 2 faces et laisser mariner 12 heures au réfrigérateur dans un plat recouvert d'une pellicule de plastique.

* Sel pour confit (pour 4 cuisses de canard) : 60 g (4 c. à soupe) de gros sel, 15 ml (1 c. à soupe) de poivre concassé, 1 branche de thym, haché, 2 feuilles de laurier frais, hachées. Mélanger tous les ingrédients.

2. Rincer les cuisses sous l'eau froide, puis les sécher en les épongeant avec du papier absorbant. Immerger les cuisses dans le gras de canard et amener à ébullition sur la cuisinière.

3. Poursuivre la cuisson au four. Confire à faible ébullition, à découvert, pendant 2 h 30 (l'os du haut des cuisses doit se détacher facilement). Laisser refroidir dans le gras et réfrigérer.

> Un confit sera réussi si on ne laisse pas les cuisses trop longtemps dans la marinade et si on le cuit doucement.

> Lors d'un stage que j'ai fait dans un resto en France, le chef m'a montré comment rendre la peau du confit dorée et croustillante. Cuire le confit selon la technique indiquée ci-contre et refroidir. La cuisson du confit à découvert aide à colorer les cuisses. Ensuite, dans une poêle, déposer deux cuisses côté peau dans du gras de canard assez chaud pour frire. Le gras doit couvrir les cuisses à mi-hauteur et frémir doucement. Ne pas essayer de décoller les cuisses du fond de la poêle trop rapidement. La peau doit durcir et devenir croustillante d'abord. Ce sera plus facile si les cuisses sont à la température de la pièce avant la cuisson.

Un confit sera réussi si on ne laisse pas les cuisses trop longtemps dans la marinade et si on le cuit doucement.

CANETTE (DÉSOSSER)

1. Couper les ailerons de la canette (canard femelle), puis sectionner de chaque côté des cuisses avec le couteau à désosser.

2. D'un mouvement sûr, plier en 2 les cuisses vers le dos et couper dans l'articulation pour les dégager.

3. Séparer les cuisses en 2 en plein centre avec un couperet. Commencer à lever les suprêmes en plaçant la canette devant soi. Inciser chaque côté de l'os de la poitrine en dégageant la chair et en prenant soin de ne rien laisser sur l'os.

> *Le canard est très populaire au Québec. De plus en plus, les gens veulent apprendre à le cuisiner. Il est certain qu'acheter la bête entière est beaucoup plus économique. Ainsi, en plus des suprêmes, les os serviront à confectionner la sauce, et les cuisses, des confits.*

> *Pour réaliser cette technique, j'ai utilisé une canette (canard femelle) de la ferme Le Canard Goulu. La canette est un petit canard femelle de 1 kilo qui ne s'est pas reproduite.*

4. Reprendre l'opération dans l'autre sens, mais, cette fois-ci, jusqu'à atteindre le bréchet. Contourner le bréchet avec la pointe du couteau, puis inciser sous le bréchet en passant par l'encoche dans l'os de la poitrine. Arracher le bréchet en le tirant avec les doigts. Dégager complètement les suprêmes en longeant avec la lame du couteau, sans conserver le pilon.

5. Parer les suprêmes avec le couteau à désosser pour retirer les membranes coriaces sur la chair et leur donner une forme parfaite. Pour la cuisson, laisser le filet attaché au suprême.

6. Concasser les os et préparer une mirepoix et une garniture aromatique pour cuisiner un jus raccourci de canard (voir recette, p. 151).

> *Demander au boucher des canettes qui ont été abattues depuis au moins quatre ou cinq jours. Elles n'en seront que meilleures. La chair sera plus tendre et goûteuse, et la peau, plus croustillante après la cuisson. Au restaurant, lorsque je les reçois, je les suspends à un crochet dans la chambre froide jusqu'à une semaine avant de les cuisiner.*

CANETTE (SUPRÊME, CUISSON)

1. Assaisonner les suprêmes de canette, côté chair, avec du sel et du poivre juste avant la cuisson.

2. Chauffer une sauteuse avec un peu de beurre clarifié (voir recette, p. 146). Déposer les suprêmes, côté peau, et bien les saisir 2 ou 3 minutes. Retourner et terminer la cuisson au four à 160 °C (325 °F) environ 5 minutes. Retirer du four et laisser reposer au moins 10 minutes sur une grille.

3. À l'aide d'un trancheur bien affûté, couper le suprême, côté peau, en aiguillettes d'environ 1/2 cm d'épaisseur, légèrement en diagonale.

> Ce suprême de canette est tellement tendre et fondant en bouche! Lorsque je le tranche, je laisse la peau vers le haut pour éviter qu'elle traîne dans le jus de cuisson qui abonde parfois sur la planche à découper, surtout si on a dépassé le temps de cuisson. Raison de plus pour bien laisser reposer le suprême avant de le trancher. Moins la chair est tendre, plus on le tranche mince.

> En ce moment, j'aime bien laquer le suprême à l'érable après l'avoir saisi. Je verse dans la poêle: sirop d'érable, sauce soja, vinaigre de riz et gingembre. Je réduis en sirop, puis je mets le suprême, côté peau vers le bas, jusqu'à réduction complète. La caramélisation de la peau par le sucre la rend ultracroustillante.

Le mot « magret » n'est utilisé que pour le canard mâle gavé. Pour le canard femelle, il faut utiliser le terme « suprême ».

PIGEONNEAU
(CUIRE SUR LE COFFRE)

1. Couper les cuisses dans l'articulation à l'aide d'un couteau, les détacher du coffre et couper les ailerons. Couper le dos avec les ciseaux de cuisine et conserver la poitrine sur l'os. Manchonner le bout des ailes. Assaisonner l'intérieur du coffre et la peau des poitrines.

2. Chauffer un petit sautoir avec du beurre clarifié (voir recette, p. 146) et saisir un côté à la fois en l'adossant au sautoir environ 2 1/2 minutes. Une fois les suprêmes saisis, ajouter du beurre frais, les tourner et les rôtir sur le coffre 2 minutes en arrosant avec le beurre de cuisson pour bien colorer. Terminer la cuisson au four à 160 °C (325 °F) 5 minutes. Retirer et laisser reposer de 10 à 15 minutes.

3. Désosser les 2 suprêmes en suivant l'os comme pour la technique du canard. Faire un jus raccourci avec les carcasses (voir recette, p. 151). Servir avec les cuisses confites.

> *Les gastronomes ont souvent peur d'essayer cette volaille royale, probablement à cause des préjugés dont elle est l'objet, à tort. Toutefois, le jour où vous aurez en bouche cette chair si savoureuse et si délicate, vous regretterez à jamais d'avoir terni sa réputation !*

> *Lorsque je cuisine le pigeonneau de cette façon, j'ai la certitude que la cuisson est parfaite, pour la cuisse et pour le suprême. Si on le cuit en entier d'un coup, on doit sacrifier une des deux parties. Au moment de servir, je saisis la peau du suprême et de la cuisse rapidement dans un peu de beurre clarifié (voir recette, p. 146) pour rendre le gras croustillant.*

PIGEONNEAU
(FARCIR ET CONFIRE LES CUISSES)

1. À l'aide d'un couteau, couper le bout des pattes. Retirer l'os du haut de cuisse. Manchonner les pilons et repousser l'os vers le haut par l'intérieur pour le rendre plus apparent à l'extérieur.

2. Assaisonner l'intérieur des cuisses, insérer la farce et les envelopper de crépine.

3. Immerger les cuisses farcies dans du gras de canard et les cuire doucement à faible ébullition pendant 30 minutes, ou alors les assaisonner, les cuire sous vide avec un peu de gras de canard 1 heure à 80 °C (170 °F), puis les saisir délicatement.

> La farce que j'utilise souvent est faite de chou et d'échalotes françaises que je fais tomber dans du gras de canard et auxquels j'ajoute de petits cubes de foie gras poêlés. Simple, rapide et goûteux. Une fois les cuisses cuites, il ne reste qu'à les refroidir et à les poêler au moment de servir.

> Il est important de ne pas mettre trop de crépine autour des cuisses, car elles en prennent le goût.

PINTADE (BALLOTTINE)

1. Couper le bout des pattes et sectionner les ailerons près de la base des suprêmes avec des ciseaux à volaille. Retirer les abattis. Inciser la peau de la pintade par le dos, de haut en bas pour la retirer complètement sans la déchirer.

2. Suivre la peau sur 2 cm ou 3 cm de chaque côté du dos avec la pointe d'un couteau à désosser. Poursuivre en glissant les doigts entre la peau et la chair pour décoller la peau en commençant par le dos, puis la poitrine et en terminant avec les cuisses. Procéder délicatement pour ne pas briser la peau.

3. Séparer les cuisses de la carcasse en coupant dans l'articulation.

> Cette ballottine peut aussi être réalisée avec un poulet ou un faisan et être farcie avec des champignons, par exemple.

> Elle a l'avantage de maximiser l'utilisation la volaille, en plus d'en éliminer les os pour le tranchage et d'utiliser la peau comme barde. Que vouloir de plus ?

4. Désosser en prenant soin de ne pas trop briser les cuisses. Lever les suprêmes sur le coffre en minimisant la perte.

5. Retirer les nerfs et les tendons coriaces sur les cuisses. Placer entre 2 pellicules de plastique et aplatir à l'aide d'une abatte. Faire de même avec les suprêmes.

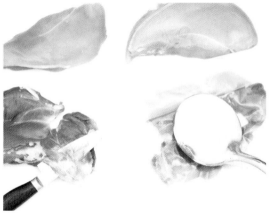

6. Sur la peau étalée sur une pellicule de plastique, superposer les 2 cuisses et les suprêmes aplatis. Assaisonner les chairs et ajouter des herbes hachées. Refermer la peau autour et rouler fermement. Faire un tour et demi et couper l'excédent de peau. Fermer les extrémités en faisant des nœuds avec la pellicule de plastique ou les attacher avec une ficelle.

> *Cette ballottine peut être pochée dans l'eau, dans sa pellicule de plastique ou cuite sous vide à une température de 90 °C (190 °F) pendant 2 heures par thermocirculation.*

> *Quel que soit le genre de cuisson choisi, la ballottine, une fois refroidie, devra être saisie 5 minutes, sur toutes les faces et cuite au four à 160 °C (325 °F) 15 minutes.*

> *Préparer la sauce avec la carcasse concassée, un jus bien corsé au vin blanc, parfumé au poivre long écrasé (teddy cherry). Quel parfum, ce poivre. Essayez-le !*

POULET (FICELER POUR RÔTISSAGE)

1. Prendre dans les mains suffisamment de ficelle de boucher. Avec le centre de la ficelle, attacher solidement le bout des pattes croisées du poulet, puis faire glisser la ficelle de chaque côté des cuisses avec les 2 mains.

2. Renverser le poulet sur l'autre face en gardant la ficelle dans les mains. Faire un double nœud, bien serrer sous la carcasse du poulet et couper la ficelle avec des ciseaux.

3. Déposer le poulet dans une rôtissoire avec une garniture aromatique, une mirepoix et ses abattis.

> *Quand je mets des poulets à rôtir sur la broche, je les ficelle de cette façon pour qu'ils gardent leur forme et que la poitrine et les cuisses restent bien bombées. Avant de les ficeler, je saupoudre 15 ml (1 c. à soupe) de sel à l'intérieur, comme ma belle-sœur Linda me l'a si bien enseigné alors qu'elle travaillait dans une rôtisserie bien connue. Le jus salé de la cuisson caramélise la peau autour du poulet pour lui donner une saveur incomparable. Du sel, c'est tout!*

POULET (COUPER EN HUIT)

1. Couper le bout des ailerons. Séparer les cuisses du coffre en récupérant le sot-l'y-laisse, puis couper chaque cuisse en 2 au niveau de l'articulation.

2. Couper le dos entre la base des ailes avec un bon couteau ou découper avec un ciseau à volaille.

3. Couper la poitrine en 2 dans le cartilage en dessous du suprême, puis couper de nouveau chaque morceau en 2.

> *Cette technique de découpage donne huit morceaux que l'on utilise généralement pour faire des plats de volaille mijotés, comme un coq au vin. J'immerge les morceaux de volaille dans le vin rouge avec une garniture aromatique pendant 12 heures. Je conserve le cartilage sous le suprême pour donner plus de goût à la chair et je le retire après la cuisson.*

> *Pendant la saison 2011 de l'émission* Les Chefs!*, diffusée sur les ondes de Radio-Canada, on avait demandé à deux jeunes aspirants, lors d'un duel, de couper un poulet en huit. Une technique que tout chef devrait connaître! La connaissiez-vous?*

POISSONS, FRUITS DE MER ET CRUSTACÉS

89

LOTTE (LEVER LES FILETS)

1. Retirer la peau noire qui recouvre le poisson avec le couteau à fileter.

2. Dégager les filets en longeant le cartilage central (colonne vertébrale) de chaque côté avec la lame du couteau (A). Parer la lotte en glissant la lame sous les filets pour retirer les parties brunâtres et rougeâtres (B).

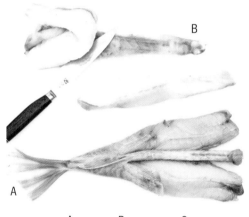

3. Détailler les filets en tronçons de 60 g (2 oz) et les ficeler par 2 (120 g [4oz]/ personne). Enrouler chaque filet de fines tranches de prosciutto (A).

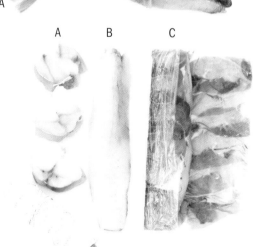

> La lotte doit être blanche sous sa peau noire, car cela indique sa fraîcheur. On ne la vend jamais avec la tête en raison de son allure peu attirante. En anglais, son nom est monk fish: cela en dit long sur son apparence. En France, on la nomme « baudroie ».

> On enroule souvent les filets de lotte entiers de bacon ou de jambon fins avant de les rôtir dans la poêle (B, C) et de finir la cuisson au four. Il ne reste plus qu'à trancher.

> La lotte a une texture ferme, comparable à celle du homard. D'ailleurs, on l'accompagne fréquemment de sauce homardine.

MORUE FRAÎCHE (CABILLAUD)
(LEVER LES FILETS)

1. Entailler le collet du poisson et longer le côté de la tête. Inciser l'arrière à la base de la tête et suivre l'arête centrale jusqu'à la queue (voir Saumon [lever les filets], p. 98). Retourner le poisson et répéter l'opération en incisant de la queue vers la tête (voir photo ci-contre).

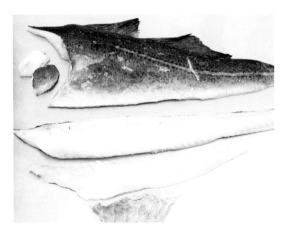

2. Placer le filer côté peau sur la planche de travail. Couper le filet en plein centre. Retirer la rangée d'arêtes et séparer le flan.

3. Dégorger les arêtes au moins 12 heures dans une grande quantité d'eau. Changer l'eau au moins une fois. Conserver les arêtes et le flanc pour le fumet de poisson (voir recette, p. 150). Faire des pavés de 120 g (4 oz). Conserver la peau si le poisson est poêlé ou la retirer si le poisson est poché ou cuit sous vide.

> Le cabillaud a une texture et un goût magnifiques. Sa chair floconneuse se défait aisément sous la pression de la fourchette.

> J'aime remplacer la peau sur le pavé de cabillaud par de petites tranches de chorizo, puis le rôtir côté saucisson avec un jus de viande au vin rouge et accompagné d'une salade de pommes de terre rattes à la moutarde de Meaux. La recette du bonheur !

MORUE (BRANDADE)

1. Dégorger les filets de morue dans une grande quantité d'eau fraîche pendant 8 à 24 heures selon l'épaisseur des filets.
A : Morue fraîche
B : Morue salée

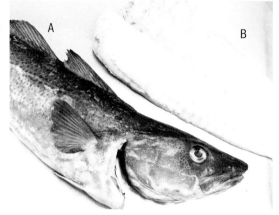

2. Faire revenir quelques échalotes et gousses d'ail émincées dans de l'huile d'olive avec du thym et du laurier frais, ajouter le lait et cuire quelques minutes. Pocher les filets 5 minutes dans le liquide. Égoutter et tempérer.

3. Mettre à cuire des pommes de terre selon la technique de la purée (voir Pomme de terre [purée], p. 39), sans ajouter de liquide. Effilocher la chair de morue à la fourchette et passer les pommes de terre au presse-purée. Mélanger la morue effilochée et les pommes de terre avec une généreuse quantité d'huile. Bien poivrer et ajuster au besoin la texture avec de la crème. Servir avec quelques croûtons.

> La cuisine antillaise utilise la morue salée et pochée pour une de ses recettes emblématiques : la « féroce à l'avocat ». Cette recette ressemble à la brandade, mais la morue est mélangée à une purée d'avocat, de l'ail et des piments forts.

> Les acras de morue sont une préparation de morue effilochée, mélangée à une pâte à frire et cuite dans l'huile. On peut aussi poêler des filets de morue dessalés et les servir avec des oignons émincés confits à l'huile d'olive, accompagnés de rapini blanchi.

RAIE (AILE) (POÊLER EN FILET OU POCHER SUR LE CARTILAGE)

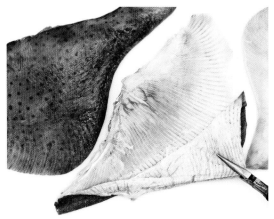

1. Décoller la peau avec la pointe d'un couteau, la saisir avec une paire de pince et l'arracher complètement. Retourner l'aile et répéter l'opération de l'autre côté.

2. Pour poêler en filet : Lever les filets. Inciser les filets avec la lame du couteau à fileter en commençant par le haut de l'aile, puis en suivant le cartilage de près vers le bas.

3. Pour pocher sur le cartilage : À l'aide d'un couteau de chef, détailler la raie avec le cartilage en 3 ou 4 portions de 150 g (5 oz). Découper le contour de la nageoire (la fin du cartilage) avec les ciseaux.

> On sert l'aile de raie pochée avec un beurre noisette, des câpres et un filet de citron.

> Pour les filets, j'aime bien quand mon fils Raphaël les cuit en escabèche (voir recette, p. 154). Il utilise du vinaigre balsamique blanc et non du vinaigre de xérès comme moi.

> Au moment où je prenais les photos pour ce livre, j'ai constaté, après avoir tiré la peau avec la pince jusqu'au tiers de l'aile environ, qu'on pouvait terminer l'opération en tirant la peau vers le côté avec un linge humide. Celle-ci se détache aisément. La preuve qu'on peut s'améliorer toute sa vie.

> La raie a une chair fine et délicate, et elle ne se conserve pas longtemps ! Elle a tendance à prendre une odeur d'ammoniaque qui s'accentue avec le temps. Il faut alors la jeter.

> Un truc pour prolonger sa conservation consiste à l'immerger dans le lait au frigo, mais la meilleure solution reste de la manger rapidement.

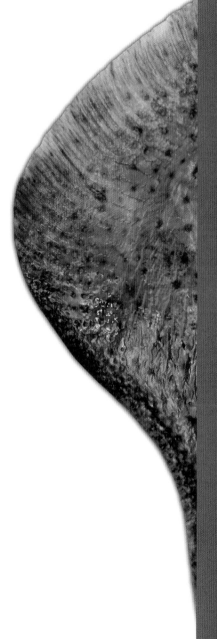

La raie a une chair fine et délicate, et elle ne se conserve pas longtemps !

SARDINE DU PORTUGAL
(EN BEIGNETS)

1. Petit poisson au dos bleu-vert, aux flancs et à l'abdomen argentés, la sardine est un poisson fragile qui doit être manipulé avec délicatesse. Choisir les spécimens à l'aspect ferme et luisant, à l'œil clair et légèrement bombé.

2. Écailler les sardines délicatement en les frottant avec les doigts sous l'eau froide. Vider les sardines en incisant le ventre avec des ciseaux. Rincer l'intérieur sous l'eau froide, retirer les intestins. Gratter l'arête centrale avec l'ongle du pouce pour la nettoyer. Avec une cuillère à thé, gratter d'abord les petites arêtes du flanc pour les briser, puis suivre l'arête centrale de chaque côté avec la cuillère. Couper l'arête près de la tête avec des ciseaux, puis l'arracher doucement avec les doigts. Couper la tête.

3. Assaisonner les sardines, puis les tremper dans une pâte à beignets (voir recette, p. 133). Frire les sardines dans une huile bien chaude.

> *Pour retirer l'arête centrale, y aller doucement en glissant les doigts sous les petites arêtes fines. La première fois que j'ai goûté à ces beignets de sardines, c'était dans le vieux Nice. On les servait avec une salade de haricots verts fins et une fondue de tomates fraîches (voir recette, p. 151).*

SARDINE DU PORTUGAL
(EN ESCABÈCHE)

1. Écailler les sardines délicatement en les frottant avec les doigts sous l'eau froide.

2. Vider les sardines et les nettoyer selon la technique des sardines en beignets (voir, p. 96). Couper la tête des sardines. Lever les filets en glissant la lame du couteau entre le filet et l'arête, de la tête à la queue.Retirer les petites arêtes de côté restantes.

3. Aligner les sardines côte à côte dans un plat. Chauffer la marinade escabèche (voir recette, p. 154). Verser la marinade chaude directement sur les sardines.

> *Cette technique se réalise à la base avec des filets de maquereau. Ma version avec des sardines est à déguster froide sur du pain grillé, sur une salade composée, ou tout simplement à ajouter à un antipasti.*

SAUMON (LEVER LES FILETS)

1. Retirer les nageoires avec les ciseaux pour écailler le saumon. Entailler le collet du poisson avec le couteau et longer le côté de la tête. Inciser l'arrière à la base de la tête et suivre l'arête dorsale jusqu'à la queue. Retourner le poisson et répéter l'opération en incisant de la queue vers la tête (voir Morue fraîche [lever les filets], p. 92).

2. Dégraisser les flancs du filet en glissant la lame entre le gras du flanc et la chair du saumon. Désarêter les filets à l'aide d'une pince et gratter la chair restante sur l'arête dorsale à l'aide d'une cuillère à soupe.

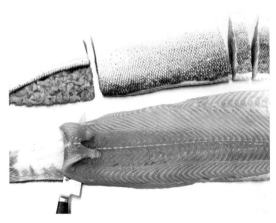

3. Pour des filets sans peau, tenir le bout de la queue avec une main, puis, de l'autre, glisser la lame du couteau légèrement inclinée, entre la peau et la chair sur toute la longueur, dans un mouvement de va-et-vient (scie). Pour le gravlax, toutefois, conserver la peau.

> *Les filets sont maintenant prêts pour utilisation. Pour ma part, j'utilise la queue, la partie la moins grasse, pour faire un tartare. Pour faire du gravlax, le centre est extraordinaire, car il a une épaisseur uniforme. Avec la partie près de la tête, je fais des dos de saumon que je rôtis sur la peau.*

> *Un bon couteau à fileter et une bonne paire de pinces japonaises seront très utiles pour cette opération.*

SAUMON (GRAVLAX)

1. Préparer la marinade.*
Prendre les 2 centres des filets
(voir Saumon [lever les filets],
p. 98) et les frotter sur toute leur
surface avec une demi-lime.

* Marinade pour 2 centres de filets
de saumon de 1 kg (2,2 lb) : 10 anis
étoilés, 60 ml (4 c. à soupe) de graines de fenouil, 15 ml (1 c. à soupe)
de graines de coriandre, 3 clous de
girofle, 6 baies de genièvre, 100 g
(3 oz) de gros sel, 100 g (1 tasse) de
sucre roux. Passer les épices dans le
moulin à épices et les mélanger au sel
et au sucre.

2. Hacher de l'aneth finement
et le parsemer sur un filet.
Verser le mélange d'épices, de
sel et de sucre sur l'autre filet.
Superposer les 2 filets l'un sur
l'autre, côté chair. Recouvrir
la surface d'une pellicule de
plastique et déposer un poids
sur le dessus. Mariner de 12 à
15 heures, au moins.

3. Rincer les 2 filets sous l'eau
froide et les couper en fines
tranches à l'aide d'un couteau
à sashimi.

> Le gravlax est une recette intemporelle et facile à préparer. Bien emballé, il se
> conserve longtemps, soit deux semaines au réfrigérateur. Surtout, ne pas l'emballer
> sous vide, mais le remiser plutôt dans une pellicule plastique.

> Je l'accompagne avec de fins blinis (voir recette, p. 133), de crème aigrelette et d'un
> peu de caviar de l'Abitibi.

CALMAR (NETTOYER)

1. Séparer, à l'aide des mains, la tête et ses tentacules du corps du calmar. Arracher les nageoires de chaque côté du corps.

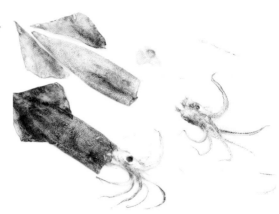

2. Enfoncer 2 doigts à l'intérieur du corps pour retirer la poche d'encre et le cartilage transparent. Couper entre la tête et les tentacules, et conserver la tête. Couper le long tentacule. Rincer toutes les parties à l'eau froide.

3. Pour frire les calmars, trancher le corps en rondelles de 1 cm d'épaisseur. Pour les griller, faire une incision de côté, les mettre à plat sur une planche de travail et quadriller la chair avec un couteau. Pour les calmars farcis, maintenir l'embouchure fermée avec une brochette en bois, puis les griller ou les braiser.

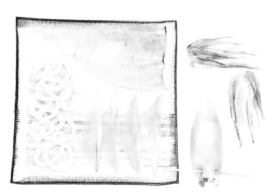

> *J'aime paner les calmars un peu comme à l'anglaise, mais j'ajoute à la dernière étape dans la chapelure du parmesan râpé et de la semoule de maïs en proportions égales. Je les trempe ensuite dans une friture bien chaude, soit à 180 °C (350 °F), de 10 à 15 secondes, pas plus, pour ne pas les rendre coriaces. Je les sers avec une mayonnaise épicée aux œufs de poisson volant.*

> *Les nageoires et les tentacules sont aussi comestibles, mais plus coriaces. Je les fais frire directement dans l'huile, sans panure. Elles deviennent croustillantes et je les assaisonne immédiatement, à chaud.*

COUTEAU DE L'ATLANTIQUE
(OUVRIR ET CUIRE)

1. Rincer les couteaux à l'eau froide et les dégorger dans l'eau pour qu'ils rejettent le sable à l'intérieur de leurs intestins. Les retirer après environ 1 heure pour éviter qu'ils meurent.

2. Presser l'extrémité du couteau avec la main gauche pour faire sortir le bout de son pied d'environ 1 cm. Maintenir une pression sur le coquillage pour éviter que le pied entre de nouveau à l'intérieur, puis, avec un mouvement vers le bas, tirer sur le pied avec la main droite pour l'arracher de sa coquille.

3. Dans une casserole, faire revenir de l'échalote, ajouter les coquilles des couteaux avec ce qu'il reste à l'intérieur, mouiller avec du vin blanc et de la crème, puis cuire quelques minutes à ébullition (voir recette Sauce poulette, p. 156). Couper 1 cm des bouts déchirés des pieds et les ajouter à la casserole. Trancher les pieds en tronçons de 1 cm et les réserver jusqu'à utilisation.

> Au restaurant, on met les couteaux vivants par six dans des sacs pour cuisson sous vide. Après avoir retiré l'air des sacs, on les immerge dans une casserole d'eau à ébullition pendant 1 minute, puis on les refroidit immédiatement dans un récipient d'eau glacée. On les prépare ensuite comme indiqué dans la technique ci-contre.

> Si on n'a pas de petite machine sous vide, il est possible de cuire les couteaux dans des sacs refermables (de type Ziploc) en en retirant le maximum d'air.

> J'adore les couteaux, leur texture à la fois ferme et fondante. Ils sont particulièrement délicieux servis avec le jus de cuisson crémé.

> Dans mon atelier où je fais des soupers V. I. P. pour de petits groupes, j'ai accompagné un filet de morue confit avec des poireaux que l'on avait fait tomber au beurre, des couteaux émincés et leur jus de cuisson émulsionné à la coriandre et à la vanille. C'était à se jeter par terre !

J'adore les couteaux, leur texture à la fois ferme et fondante. Ils sont particulièrement délicieux servis avec le jus de cuisson crémé.

CRABE DES NEIGES (DÉCORTIQUER)

1. Le crabe des neiges est très recherché pour la finesse de sa chair. On peut se le procurer vivant. Dans ce cas, s'assurer qu'il bouge lorsqu'on le touche. Plusieurs poissonniers l'offrent déjà cuit. Vérifier alors que sa carapace est humide et d'un bel orange vif et ses pattes et ses pinces intactes.

2. Avec le talon d'un couteau, couper la base de chaque patte pour la détacher du coffre. Couper le coffre en 2 horizontalement.

3. Plier chaque articulation des pattes à l'aide des mains pour retirer les cartilages à l'intérieur, puis couper la carapace délicatement avec des ciseaux pour ne pas briser la chair.

> La chair de crabe est d'une finesse incomparable. Pour la mettre tout simplement en valeur, la servir tiède avec un beurre citron. Servie froide, mélangée à un peu de mayonnaise aromatisée avec du cari et de petits dés de pomme, elle devient un plat gourmand.

> Un petit truc intéressant pour retirer la chair des pattes consiste à presser avec un rouleau à pâte l'extrémité de la carapace pour en faire sortir la chair. J'utilise aussi ce truc pour les petites pattes de homard.

4. Sortir la chair des pattes et déloger celle des demi-coffres avec le dos d'une petite cuillère à expresso.

5. Fendre les pinces avec un coup de couteau, séparer les 2 coquilles et écarter doucement la petite pince en la pliant dans le sens contraire pour retirer le cartilage.

6. Préparer une bonne quantité de court-bouillon (voir recette, p. 149) dans une rôtissoire et ajouter le crabe au dernier moment pour le réchauffer.

> Ma fille Laurie-Alex, qui vit en Nouvelle-Zélande, adore manger le crabe de cette façon. Je pense même qu'elle ferait un aller-retour pour venir en manger. Je lui dédie donc cette technique. Sa date d'anniversaire, le 19 avril, coïncide d'ailleurs avec l'arrivée du crabe au Québec.

CREVETTE FRAÎCHE
(CUIRE AVEC LA CARAPACE)

1. Arracher la tête des crevettes s'il y a lieu. Faire une incision avec un couteau bien affûté entre les petites pattes de la queue et trancher la crevette jusqu'au boyau.

2. Atteindre la carapace, ouvrir la crevette en 2 (papillon) et retirer le boyau intestinal avec une pince.

3. Décoller la chair de la carapace et la replacer au même endroit. Mettre 2 ou 3 crevettes sur une brochette. Cuire sur le gril ou sous la salamandre. Huiler et assaisonner.

> *On décolle la chair de la carapace une fois ouverte pour éviter qu'elle soit difficile à retirer après la cuisson.*

> *Pour cuire les crevettes, on peut aussi les poser sur une tôle à cuisson, les arroser avec ma sauce vierge (voir recette, p. 156) et les cuire 2 minutes sous la salamandre ou le gril. C'est ainsi qu'elles auront le plus de goût.*

> *Les crevettes roses géantes des Keys sont mes préférées.*

CREVETTE FRAÎCHE
(POUR COCKTAIL)

1. Décortiquer les crevettes en arrachant les petites pattes sous la queue et en écartant les 2 côtés de la carapace avec l'index et le pouce de chaque main.

2. Inciser légèrement la partie supérieure de la queue et retirer le boyau intestinal.

3. Plonger les crevettes décortiquées dans un court-bouillon (voir recette, p. 149) en ébullition pour les cuire.

> Je n'aime pas cuire les crevettes avec leur boyau, car il tache la crevette et lui donne un goût de vase.

> Pour les cuire parfaitement, les plonger dans un court-bouillon en ébullition et les sortir dès la reprise de l'ébullition. On peut également les cuire avec la carapace et les décortiquer après. Vous pouvez aussi poêler les crevettes. Pour les conserver juteuses et les cuire à point, il est important de les sauter rapidement et de les déglacer avec une délicieuse sauce de style thaï, à base de noix de coco, de gingembre et de citronnelle.

HOMARD (CUISSON)

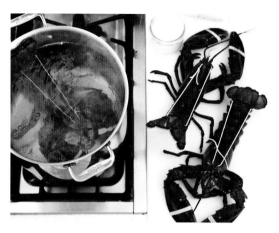

1. Attacher le homard de la queue vers la tête avec une ficelle pour maintenir la queue à plat pendant la cuisson. Plonger le homard vivant et entier dans l'eau bouillante salée 3 minutes pour la queue et le coffre, et remettre les pinces 3 minutes de plus (pour un homard de 560 g (1 1/4 lb).

2. Plonger la queue et les pinces dans l'eau glacée pour les refroidir et stopper la cuisson. Séparer les coudes des pinces. Décortiquer les pinces en pliant la partie amovible dans le sens contraire, puis, avec un mouvement de haut en bas, retirer le cartilage en tirant doucement. Frapper la partie épaisse de la pince avec l'envers de la lame d'un couteau, sans la briser complètement. L'ouvrir en 2 en écartant la carapace avec les doigts et retirer la chair.

3. Couper les coudes en 2 à l'aide de ciseaux. Presser la queue entre les 2 mains, l'ouvrir vigoureusement et décoller la chair. Inciser le dessus de la queue avec un couteau et enlever le boyau central.

> *Un homard de 560 g (1 1/4 lb) n'est pas complètement cuit après 6 minutes. On complète la cuisson de la chair de homard au moment où on la réchauffe dans la sauce ou dans la carapace, comme pour le homard thermidor, ou encore dans la friture, comme pour le tempura. On peut alors l'apprécier à sa pleine valeur et constater sa tendreté.*

> *Également, le corail dans les homards femelles (la substance vert foncé) n'est pas cuit. Je le retire du coffre et de la queue, et je l'incorpore à une bisque ou à un beurre blanc (voir recette, p. 145) en émulsionnant avec un bras mélangeur. Ils deviennent rouges immédiatement.*

> *Pour la cuisson d'un homard de 560 g (1 1/4 lb) bouilli, compter environ 10 minutes après la reprise de l'ébullition. Pour ma part, j'aime confectionner l'huile de homard avec les carapaces restantes, et ma bisque est superbe lorsque je la réalise avec les coffres des homards seulement.*

J'aime confectionner l'huile de homard avec les carapaces restantes, et ma bisque est superbe lorsque je la réalise avec les coffres des homards seulement.

HOMARD (GRILLER)

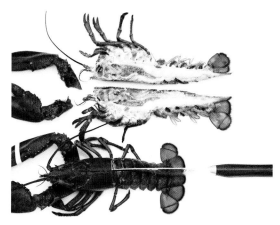

1. Désensibiliser le homard en enfonçant la pointe d'un couteau de chef derrière la tête, où se situe le système nerveux, et le couper en 2. Retirer la poche pierreuse dans la tête et le boyau intestinal.

2. Casser les pinces avec le dos de la lame d'un couteau. Assaisonner la chair et remplir les cavités avec un beurre maître d'hôtel (voir recette, p. 146).

3. Placer les demi-homards au milieu du four, sur une tôle à cuisson recouverte de gros sel, puis griller sous la salamandre ou le gril environ 10 minutes.

> J'aime beaucoup cuire le homard sur le barbecue. Je dépose les demi-homards assaisonnés sur le gril, côté carapace, quelques minutes. Je les glisse ensuite sur un papier d'aluminium, je dépose quelques morceaux de beurre maître d'hôtel dessus, je referme le papier d'aluminium et je termine la cuisson doucement, à basse température (environ 125 °C [250 °F]), sur un côté éteint du barbecue, une dizaine de minutes. Le couvercle du gril doit être fermé.

> Les beurres composés déposés au dernier moment sur la chair du homard sont tout simplement hallucinants.

> Au cours d'un voyage au Maroc, on a fait cuire un homard de 2,25 kilos (5 lb) de cette façon, avec un beurre de romarin. J'y pense encore !

Les beurres composés déposés au dernier moment sur la chair du homard sont tout simplement hallucinants.

HUÎTRE (CRUE)

1. Laver les huîtres en les brossant sous l'eau froide et les éponger.

2. Poser l'huître, partie bombée vers le bas, sur un linge replié pour protéger la main, et enfoncer la pointe du couteau à huître dans la cavité située à l'extrémité. Faire pivoter le couteau pour ouvrir l'huître. Glisser la lame à l'intérieur de la coquille le long de la valve supérieure pour couper le muscle.

3. Sectionner le muscle sous la coquille et détacher la coquille.

> Il est important de bien insérer la pointe du couteau dans l'huître avant de le faire pivoter. Incliner le couteau, observer la forme de la coquille et repérer le point d'entrée qui permet de le glisser entre les deux coquilles.

> Il faut prendre soin d'ouvrir délicatement les huîtres pour ne pas briser la chair. Certains cuisiniers sont rapides, mais le résultat en souffre parfois un peu.

> Si on désire les ouvrir à l'avance, les déposer ouvertes sur un plateau couvert de gros sel et remettre les coquilles supérieures dessus pour les empêcher de sécher. Les conserver au frigo quelques heures et servir.

> Pour les huîtres frites, il n'est pas nécessaire de les précuire, mais il est important de bien les éponger avant de les fariner et de les paner.

> Pour les huîtres gratinées, comme les Rockefeller ou les huîtres en sabayon, on peut les déposer 3 minutes dans une cuisine vapeur. Elles seront précuites et s'ouvriront facilement.

Important :
• S'assurer qu'elles sont lourdes lorsqu'on les achète et que la date de cueillette ne dépasse pas 15 jours.

• Ne jamais couvrir les huîtres d'eau.

• Les sentir une à une lorsqu'on les ouvre ; une mauvaise huître pourrait contaminer les autres !

• Les conserver au frigo, dans le tiroir le plus frais, celui du bas.

Il faut prendre soin d'ouvrir délicatement les huîtres pour ne pas briser la chair.

LANGOUSTINE (QUEUE)
(POUR TARTARE ET POUR FARCIR)

1. La langoustine a une chair très délicate. Sa carapace a une couleur rose jaunâtre et change très peu de coloration au cours de la cuisson. À l'achat, choisir des langoustines à la carapace brillante, à l'œil très noir et sans odeur d'ammoniaque. Comme elles ne vivent pas longtemps hors de l'eau on les retrouve souvent congelées.

2. Pour le tartare : Tourner la langoustine, couper les petites pattes de chaque côté, puis couper le cartilage transparent. Détacher la chair de la carapace et retirer le boyau intestinal. Hacher la chair en petits cubes, puis la mélanger avec une marinade au miel et au zeste de citron Meyer. Servir très froid dans sa carapace.

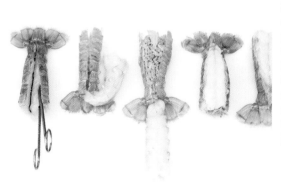

3. Pour farcir : Couper la queue de la langoustine en plein centre à l'aide de ciseaux et retirer le boyau intestinal. Détacher la chair de la carapace. Farcir l'intérieur de la carapace au goût et replacer la chair sur le dessus. Cuire sous vide et terminer la cuisson sous la salamandre ou le gril.

> *J'ai imaginé cette technique à l'occasion d'un gala en l'honneur de mon grand ami, le chef Normand Laprise. Je prépare une farce de style choucroute que je dépose au fond de la coquille et je replace la chair de la langoustine sur le dessus. J'assaisonne les langoustines et je les cuis sous vide quelques minutes avec de la bière. Je termine la cuisson sous la salamandre ou sous le gril. Je sers le tout dans un consommé chaud aux armillaires de miel. Un plat à l'image de Normand Laprise. Un gars a la carapace dure comme celle de la langoustine et au cœur tendre comme sa chair. Il adore la fête, ce que j'ai voulu symboliser avec la choucroute et la bière.*

MOULE (CUISSON)

1. Gratter les moules si nécessaire avec l'envers d'un couteau. Les mettre dans une passoire, bien les laver en les rinçant à l'eau froide et arracher leurs filaments (byssus).

2. Faire revenir de l'échalote française hachée dans un rondeau avec un peu de beurre clarifié. Ajouter les moules et le vin blanc. Porter à ébullition à couvert et cuire 5 minutes en remuant à quelques reprises.

3. Filtrer le jus au chinois étamine, le remettre dans la casserole, faire réduire de moitié et ajouter la crème. Décortiquer les moules et les remettre dans les demi-coquilles. Verser la sauce bien chaude sur les moules.

> *On ne doit jamais laisser tremper les moules dans l'eau, car, en dégorgeant, elles perdront leur goût.*

> *Si les byssus sont difficiles à retirer, utiliser un linge de cuisine pour se faciliter la tâche. Lorsqu'on arrache les byssus des moules, elles meurent. Il faut donc les cuire aussitôt.*

> *Il ne faut pas trop cuire les moules pour éviter qu'elles se dessèchent. Par contre, si elles ne sont pas assez cuites, elles ramolliront. Vérifier la cuisson de temps en temps en goûtant, c'est la seule façon.*

OURSIN (GONADES OU LANGUES, CRUES)

1. Un oursin est frais lorsque ses piquants sont fermes et bougent encore. On doit choisir les spécimens lourds et à l'orifice bucal très serré.

2. Insérer un ciseau pointu dans l'orifice (bouche) sous l'oursin. Découper tout autour, aux deux tiers de sa hauteur, pour éviter de couper les gonades à l'intérieur. Retourner l'oursin et donner un coup sec avec la main pour vider l'eau de mer et une partie de l'appareil digestif.

3. Récupérer délicatement les langues d'oursin (corail) avec une petite spatule en inox ou une cuillère à expresso en suivant la forme de la coquille. Tremper rapidement les gonades dans une eau salée (30 g de sel par litre d'eau) pour les nettoyer, puis les égoutter.

> L'indice gonadique est plus élevé à la fin de l'automne et en hiver. L'oursin peut contenir jusqu'à 20% de son poids en gonades, ce qui est énorme. À la fin du printemps et au début de l'été, il pond pour la reproduction et devient vide et laiteux.

> Les langues d'oursin sont merveilleuses en bouche. Par contre, il faut savoir reconnaître les différentes qualités gustatives. Quand je les décortique, je les sépare en trois catégories:

Catégorie n° 1: Les langues doivent être gonflées et d'un beau jaune orangé. Je les mange crues, en sashimi ou en ceviche.

Catégorie n° 2: Les langues tirent sur le beige pâle et elles ont moins de goût. Je les utilise pour la brouillade d'œufs ou l'oursinade.

Catégorie n° 3: Lorsque qu'elles sont d'un brun orangé plutôt foncé, je les garde pour les sauces et la soupe à l'oursin.

Les langues d'oursin sont merveilleuses en bouche.

PÉTONCLE (VIVANT)

1. Ouvrir le pétoncle à l'aide d'une petite spatule coudé très flexible en glissant la spatule dans la fente entre les 2 coquilles. Trancher le muscle à son point d'attache à l'intérieur de la coquille supérieure et retirer la coquille.

2. Accrocher la membrane derrière le muscle à l'aide d'une petite pince sur le bout du couteau et tirer délicatement pour détacher le manteau, le corail, le petit nerf et le foie, tous ensemble. Sectionner de nouveau le muscle adhérant à la coquille inférieure, sous la noix du pétoncle.

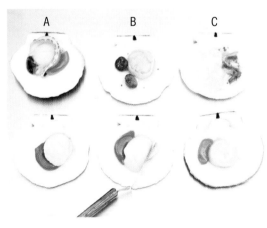

3. Manger les très petits pétoncles entiers avec le manteau et le corail nature ou avec un peu de citron (A). Poêler le pétoncle sur sa coquille avec une vinaigrette aux canneberges (B). Servir en ceviche avec une marinade au yuzu (C). Cuire le corail à part ou le laisser sur le pétoncle, mais ne pas oublier de sectionner le nerf très coriace sur le côté du muscle du pétoncle.

> *La pectiniculture (culture des pétoncles) existe au Québec depuis plusieurs années, et il est possible de vous procurer des pétoncles vivants chez votre poissonnier préféré.*

> *Le pétoncle vivant ne se compare en rien avec ce que l'on trouve généralement sur le marché. Recherchez-le!*

> *Les pêcheurs de la Côte-Nord fabriquent un outil pour ouvrir les pétoncles à partir d'un couteau à beurre en inox, qu'ils recourbent à l'aide d'un étau pour qu'il puisse épouser la forme de la coquille. Avec une meule, ils aiguisent le couteau pour sectionner le muscle du pétoncle et forment un petit crochet au bout pour dégager le manteau. Futé, n'est-ce pas?*

Le pétoncle vivant ne se compare en rien avec ce que l'on trouve généralement sur le marché. Recherchez-le!

FRUITS
121

AGRUMES (SUPRÊMES)

1. Couper chaque extrémité des agrumes.

2. Peler à vif les agrumes avec un couteau bien affûté, en coupant l'écorce soigneusement pour épouser et conserver leur forme ronde.

3. Dégager les suprêmes en coupant en diagonale de chaque côté entre les cloisons. Presser le jus restant et le verser sur les suprêmes.

> Cette technique pour prélever les suprêmes est facile et ne demande qu'un peu de pratique. Déposés sur un poisson avec un peu d'huile d'olive ou dans une salade de fruits, les suprêmes sont appréciés puisque faciles à déguster.

> Depuis quelques années, on retrouve un nouvel agrume dans les épiceries : le pomelo. Il ressemble à un pamplemousse géant, mais son goût est différent, avec plus d'amertume. Par contre, comme sa texture est plus ferme, il est moins juteux. Légèrement chauffé avec d'autres aliments, il conserve, étonnamment, une texture assez intéressante.

ANANAS

1. Trancher la couronne et la base de l'ananas pour l'aplanir et pour pouvoir le faire tenir droit sur la planche à découper.

2. Couper l'écorce avec la lame d'un couteau de chef bien affûtée. Extraire les yeux avec l'embout d'un couteau économe.

3. Pour des tranches circulaires, faire des tronçons assez épais et découper le cœur de l'ananas à l'aide d'un emporte-pièce. Pour des cubes, égaliser l'ananas sur toutes ses faces pour lui donner une forme carrée. Détailler des tranches de 1 cm d'épaisseur autour de la partie centrale (cœur). Faire ensuite des lanières de la même largeur, puis des cubes de 1 cm X 1 cm.

> En taillant l'ananas avec la technique ci-dessus, on peut utiliser les retailles pour un coulis ou tout simplement les déguster. Ce qui occasionne moins de perte.

> L'ananas est un fruit magnifique lorsqu'il est à point. Pour s'assurer de sa maturité, il faut le sentir. Il doit dégager un parfum tropical. Ensuite, tirer une feuille de la tige ; si elle se détache facilement, c'est que le fruit est mûr.

> J'aime détailler l'ananas en tranches fines que je dépose sur une assiette pour faire un carpaccio. Je nappe ensuite les tranches d'un sirop à la lime et aux graines de coriandre.

GRENADE

1. Couper la peau de la grenade, au milieu, sur toute la circonférence, puis ouvrir le fruit en 2 avec les mains en l'écartant vigoureusement.

2. Taper chaque moitié avec l'envers d'une louche au-dessus d'un cul-de-poule rempli d'eau froide pour en extraire les grains.

3. Retirer la membrane blanche flottant à la surface de l'eau avec une écumoire. Récupérer les grains et les assécher.

> *On trouve aussi la grenade déjà préparée, le jus et les grains séparés, mais cela n'a rien de comparable avec le goût d'une grenade fraîche qu'on prépare soi-même.*

> *La grenade doit se consommer avec une légère amertume et peu sucrée. Les grains doivent être fermes et rouge foncé.*

> *J'ajoute des grains de grenade à une vinaigrette au thé tropical sur un tataki de saumon ou sur un gravlax de bœuf pour donner du croquant!*

MANGOUSTAN

1. Choisir un mangoustan dont l'enveloppe est légèrement souple, sans être molle. Une enveloppe dure indique que le fruit n'est pas mûr. La couleur du fruit est la même, que le mangoustan soit mûr ou pas. L'intérieur du fruit est juteux et d'un blanc immaculé.

2. Couper l'enveloppe coriace du mangoustan au centre, à l'horizontale et sur toute sa circonférence, sans traverser le fruit. Ouvrir le fruit délicatement pour ne pas abîmer la chair, en écartant l'enveloppe avec la lame du couteau.

3. Avec la pointe d'un couteau d'office, détacher le fruit entier à l'intérieur des demi-enveloppes et couper les gousses qui ne se détachent pas du noyau central.

> La définition du mot mangoustan est « fruit du roi ». Ce fruit contient, paraît-il, une quantité incroyable d'antioxydants. On l'apprécie également pour ses vertus curatives, et il serait utilisé pour traiter et guérir une quarantaine d'affections.

> Son goût est extraordinaire, et c'est incontestablement mon fruit préféré. Sucré, acide, un mélange complexe à découvrir. Il est délicieux dans les ceviches ou dégusté tout simplement à la fin d'un repas. Comme il est originaire d'Asie, on le trouve surtout dans les épiceries asiatiques.

MANGUE

1. Couper suffisamment chaque extrémité de la mangue pour qu'elle puisse tenir debout sur une planche de travail. La peler délicatement à l'aide d'un économe.

2. Placer l'extrémité la plus large de la mangue debout sur la surface de travail. Trancher de chaque côté du noyau central de forme aplatie et d'environ 1,5 cm d'épaisseur, situé au centre du fruit.

3. Récupérer la chair qui reste sur 2 faces du noyau en tranchant tout autour avec la lame du couteau. Tailler les quartiers en 2 ou 3 morceaux, selon leur grosseur.

> *Les mangues sont merveilleuses lorsqu'elles sont à point. J'adore les petites, jaunes, de la Thaïlande ou du Mexique. Elles sont pratiquement sans fibres et elles fondent dans la bouche. Les mangues vertes sont excellentes et se préparent comme les papayes vertes.*

> *Trop dures, les mangues sont acides; trop molles, elles sont très sucrées et finissent en purée.*

> *Je fais un pudding chômeur à la mangue et au sirop d'érable époustouflant. L'idée m'est venue au moment où je travaillais à un dossier des fêtes pour le journal La Presse et où je devais réinventer un repas de Noël en faisant évoluer nos recettes traditionnelles.*

PAPAYE

1. Éplucher la papaye à l'aide d'un économe. Couper la papaye en 2 dans le sens de la longueur.

2. Retirer les graines au centre du fruit à l'aide d'une cuillère à soupe, sans écraser les contours.

3. Détailler chaque moitié en 3 en suivant le côté de la papaye pour dégager le centre inégal. Égaliser le morceau du centre et conserver la partie du dessous. Mettre les tranches de côté, à plat, et les couper en 2 dans le sens de la longueur, puis en petits cubes pour une salsa de fruits.

> Couper la papaye avec cette technique permet d'obtenir des morceaux plus réguliers.

> La papaye est un fruit qui s'utilise bien dans la cuisine salée, étant donné son goût peu sucré.

> Mélangée à des tomates, du jus de citron vert, de la coriandre fraîche et de l'huile de pépins de raisin, elle devient une salsa des plus goûteuses pour accompagner un poisson grillé.

> La papaye verte est aussi délicieuse en salade, coupée en fine julienne. On la mélange avec de la coriandre, de la citronnelle, du basilic thaï, du jus de lime et un peu d'huile de sésame grillé épicée avec du piment oiseau.

PITAYA (FRUIT DU DRAGON)

1. Couper le pitaya en 2.

2. Trancher chaque moitié en 4.

3. Servir avec ou sans la peau, selon qu'il est utilisé pour la décoration ou la dégustation ou presser sous vide dans un sirop au fruit de la passion.

> *Le pitaya fait toujours sensation auprès des convives. Sa couleur flamboyante, d'où le fait qu'on l'appelle parfois « fruit du dragon », est spectaculaire. Malheureusement, sa chair est souvent peu goûteuse. On a donc intérêt à la parfumer avec une saveur sucrée et citronnée pour en rehausser le goût. Mais cela en vaut la peine.*

> *Au restaurant, on presse le fruit avec la technique sous vide dans un sirop au fruit de la passion. Mélangé à d'autres fruits tropicaux, il a connu un grand succès lors de notre dernier repas de la Saint-Sylvestre où il trônait sur un magnifique foie gras qui avait été poêlé entier.*

LES RECETTES
DE BASE

PÂTES SALÉES ET SUCRÉES

....

132

PÂTE À BEIGNETS À LA BIÈRE

Ingrédients

125 g (3/4 tasse) de farine

2 œufs, battus

15 ml (1 c. à soupe) d'huile d'olive

125 ml (1/2 tasse) de bière blonde

1 pincée de sel

2 blancs d'œufs

Préparation

1. Mettre la farine dans un bol et faire un puits au centre.

2. Ajouter les œufs battus, l'huile d'olive, la bière et le sel au milieu, et mélanger.

3. Bien mélanger avec la farine en ramenant doucement la farine vers le centre et laisser reposer 1 heure au réfrigérateur.

4. Monter les blancs d'œufs en neige et les incorporer à la pâte au dernier moment.

5. Tremper les petites sardines du Portugal ou les fleurs de courgette dans cette pâte, et cuire jusqu'à ce qu'elle soit dorée à souhait. Servir immédiatement.

La pâte à beignets n'a pas le croustillant d'une pâte à tempura, mais son moelleux est incomparable.

Pour des beignets sucrés ajouter 30 ml (2 c. à soupe) de sucre vanillé ou de sirop d'érable à la fin, avant de mettre les blancs montés en neige.

· ·

PÂTE À BLINIS

Ingrédients

Première étape

5 g (1/2 c. à soupe) de levure sèche

15 ml (1 c. à soupe) d'eau

125 ml (1/2 tasse) de lait tiède

75 g (1/2 tasse) de farine, tamisée

Seconde étape

180 ml (3/4 tasse) de lait

2 jaunes d'œufs

1 pincée de sel

140 g (1 tasse) de farine, tamisée

2 blancs d'œufs

60 ml (1/4 tasse) de crème à 35 %

45 ml (3 c. à soupe) de beurre clarifié

Préparation

Première étape

1. Dans un bol, délayer la levure avec un peu d'eau et ajouter le lait tiède. Laisser reposer environ 15 minutes.

2. Verser doucement le liquide sur la farine et mélanger délicatement pour éliminer les grumeaux.

3. Couvril le bol d'une pellicule plastique et laisser reposer 30 minutes à température ambiante.

Seconde étape

4. Ajouter à la préparation précédente le lait, les jaunes d'œufs, le sel et la farine graduellement.

5. Monter les blancs en neige et la crème à 35 %.

6. Au moment de faire les blinis, ajouter les blancs, puis la crème à l'appareil en pliant avec une maryse. Cuire les blinis dans une poêle avec du beurre clarifié (voir recette, p. 146).

PÂTE À CRÊPES

Ingrédients

225 g (1 1/2 tasse) de farine tout usage
1 pincée de sel
375 ml (1 1/2 tasse) de lait 2 %
3 oeufs
30 ml (2 c. à soupe) de beurre clarifié*

Préparation

1. Dans un grand cul-de-poule, mélanger la farine, le sel et le lait, et brasser afin d'éliminer les grumeaux.

2. Ajouter les œufs battus en mélangeant délicatement, puis ajouter le beurre clarifié. Laisser reposer au moins 1 heure.

3. Passer au chinois si nécessaire et éviter de trop brasser.

4. Verser un peu de l'appareil à crêpe au centre d'une poêle antiadhésive à l'aide d'une louche. Tourner la poêle pour étendre la pâte.

5. Colorer une minute de chaque côté à feu doux.

Ce genre de pâte à base de farine doit être mélangé doucement pour éviter de développer le gluten, qui a pour effet de rendre les pâtes élastiques. Je me suis rendu compte après un certain temps que mélanger la farine au début avec le lait faisait moins de grumeaux.

* (voir recette, p. 146)

PÂTE À GRISSINI

Ingrédients

5 ml (1 c. à thé) de levure sèche
30 ml (2 c. à soupe) de lait tiède
250 g (1 2/3 tasse) de farine
30 ml (2 c. à soupe) d'huile d'olive
5 ml (1 c. à thé) de sel
125 ml (1/2 tasse) de lait tiède
Fleur de sel, au goût
60 g (1/4 tasse) d'emmental, râpé

Préparation

1. Tremper la levure dans 30 ml (2 c. à soupe) de lait tiède pour la dissoudre.

2. Mettre la farine sur le plan de travail, faire un puits au centre et y mettre la levure diluée, l'huile d'olive, le sel et 125 ml (1/2 tasse) de lait tiède.

3. Mélanger à pleines mains en amalgamant le tout, puis pétrir pendant une dizaine de minutes au maximum. Mettre la pâte dans un grand bol en verre et la recouvrir avec un linge propre humide, puis la laisser lever 1 heure.

4. Préchauffer le four à 200 °C (400 °F).

5. Étaler la pâte avec un rouleau à pâte et faire des bandes carrées de 30 X 30 cm, de 1,5 cm d'épaisseur, puis couper la pâte en fines bandes. Prendre chaque bande et la rouler sur le plan de travail avec la paume de la main pour obtenir de petits serpentins.

6. Les badigeonner légèrement d'huile, de fleur de sel et d'emmental râpé finement.

7. Les étirer légèrement et les mettre sur une plaque allant au four. Mettre à cuire de 16 à 20 minutes, jusqu'à ce qu'ils soient dorés.

PÂTE À PAIN

Ingrédients

25 g (2 1/2 c. à soupe) de levure active instantanée

15 g (1 c. à soupe) de sucre

625 ml (2 1/2 tasses) d'eau tiède

1 kg (7 1/4 tasses) de farine tout usage

1 œuf

28 g (1 1/2 c. à soupe) de sel fin

Préparation

1. Dans un cul-de-poule, délayer la levure et le sucre dans l'eau tiède (47 °C/100 °F).

2. Quand la levure remonte à la surface en une mousse brunâtre, c'est qu'elle est active. La verser dans le bol du malaxeur avec le crochet pétrisseur.

3. Ajouter d'un seul coup la farine et mettre en marche le malaxeur, à vitesse lente, puis ajouter en même temps l'œuf et le sel. Augmenter à vitesse moyenne, puis faire marcher pendant 5 minutes.

4. Dans le bol du malaxeur, couvrir la boule d'un linge humide et laisser lever 1 heure ou jusqu'à ce qu'elle ait doublé de volume.

5. Placer la pâte sur le plan de travail fariné et la séparer en parts de 30 g.

Façonner les petites boules de la façon suivante. Prendre une boule à la fois au début, et deux quand on est habitué. Placer la boule dans la paume de la main, près de l'index et du pouce, et appuyer légèrement en faisant des formes circulaires dans le sens contraire des aiguilles d'une montre. Déposer sur une plaque à pâtisserie munie d'un Silpat et laisser lever environ 30 minutes à température ambiante (25 °C à 30 °C), sinon utiliser une étuve.

6. Préchauffer le four à 200 °C (400 °F). Cuire 12 à 15 minutes. Pour que le pain soit plus croustillant, pulvériser de l'eau à quelques reprises dans le four pendant la cuisson pour créer un climat humide.

7. Sortir du four et refroidir sur une grille.

L'odeur du pain artisanal embaume toute la maison.

Fabriquer le pain est un métier en soi. Il est important de s'adapter à différents facteurs comme la température ambiante ou le taux d'humidité, car la durée de poussée de la pâte pourrait changer considérablement. Également, le taux de gluten dans une farine pourrait demander plus ou moins d'eau. Ne jamais mélanger le sel à la levure. Ne pas hésiter à s'ajuster pour comprendre la magie du pain, et surtout utiliser de bonnes farines.

PÂTE À PIZZA

Ingrédients

190 ml (3/4 tasse) d'eau chaude
1 pincée de sucre
15 ml (1 c. à soupe) de levure sèche active
340 g (2 1/4 tasses) de farine tout usage
5 ml (1 c. à thé) de sel
15 ml (1 c. à soupe) d'huile

Préparation

1. Verser 1/4 tasse (60 ml) d'eau tiède du robinet dans un petit bol en verre et ajouter la pincée de sucre.

2. Ajouter la levure sèche active. Laisser reposer 10 minutes pour la dissoudre.

3. Pendant ce temps, mélanger la farine et le sel dans un grand bol en inox, puis faire un puits au centre.

4. Ajouter 125 ml (1/2 tasse) d'eau à la levure et verser le tout dans le bol contenant la farine et le sel. Ajouter l'huile.

5. Mélanger à la main tous les ingrédients. Ajouter un peu d'eau au besoin.

6. Pétrir à la main quelques minutes sur une surface plane pour obtenir une pâte homogène.

7. Remettre la pâte dans le bol et couvrir d'une pellicule de plastique. Laisser reposer 45 minutes ou jusqu'à ce que la pâte ait gonflé.

8. Préchauffer le four à 200 °C (400 °F).

9. Donner un coup de poing et rouler la pâte sur une surface enfarinée. Ajouter un peu de farine au besoin si la pâte est trop collante.

10. Étendre selon la forme et l'épaisseur désirées.

11. Cuire au four sur une plaque à pâtisserie.

Cette pâte est parfaite pour réaliser vos pissaladières et vos pizzas préférées.

PÂTE À TEMPURA

Ingrédients

130 g (1 tasse) de farine de riz
1 jaune d'œuf
160 ml (2/3 tasse) d'eau glacée
Sel, au goût

Pour la garniture
15 ml (1 c. à soupe) de gingembre
15 ml (1 c. à soupe) d'oignon vert
1 piment oiseau
1/2 gousse d'ail, hachée
30 ml (2 c. à soupe) de coriandre fraîche, hachée

Préparation

1. Verser la farine dans un bol en inox et faire un puits au centre. Déposer le jaune d'œuf, l'eau et le sel dans le puits, et rabattre la farine vers le milieu en mélangeant doucement.

2. Préparer la garniture. Hacher finement le gingembre, l'oignon vert, le piment oiseau, l'ail et la coriandre. Ajouter la garniture à la pâte.

3. Prendre un autre grand bol en inox et le remplir de glace, déposer le bol de pâte à tempura sur la glace.

4. Plus la pâte sera froide et l'huile chaude, soit à 180 °C (350 °F), plus l'effet effiloché et croustillant sera réussi.

Les Japonais brassent leur pâte avec de grandes baguettes à sushi. Ils font tomber délicatement la farine au centre, puis ils brassent doucement pour éviter de rendre la pâte élastique, ce qui lui enlève de la légèreté et du croustillant.

On peut toujours ajuster la texture de la pâte en ajoutant de l'eau ou de la farine.

PÂTES FRAÎCHES

Ingrédients

400 g (2 2/3 tasses) de farine tout usage
4 œufs
30 ml (2 c. à soupe) d'huile d'olive
Eau

Préparation

1. Verser la farine dans un grand bol en inox et former un puits au centre.

2. Ajouter les œufs et l'huile d'olive au milieu et mélanger avec les doigts en faisant tomber la farine vers le centre.

3. Former une boule, la pétrir avec la paume des mains de 5 à 10 minutes au moins. Remettre la boule dans le bol. Envelopper d'une pellicule plastique.

4. Faire reposer au réfrigérateur au moins 30 minutes.

5. Étaler la pâte sur le plan de travail et la diviser en 2 ou 3 parts égales. À l'aide d'un rouleau à pâtisserie, les abaisser pour former des bandes qui puissent entrer dans le laminoir.

6. Insérer les bandes dans le laminoir à plusieurs reprises en les amincissant chaque fois. Ajouter un peu de farine sur la pâte si elle a tendance à coller au laminoir. Travailler ensuite la pâte, au choix : ravioli, cannelloni, lasagne, etc.

Les pâtes fraîches sont un jeu d'enfant à réaliser. Il suffit d'avoir du temps et de la patience. C'est une belle activité à faire avec les enfants un dimanche après-midi de pluie. Amusez-vous et donnez-leur le goût de cuisiner.

En changeant le type de laminoir, on peut former des fettuccini ou encore des spaghetti.

Pour les colorer et leur donner des saveurs, on ajoute dans les œufs une pâte de tomate ou encore une purée fine d'épinards. Remplacer un œuf par le même poids de pâte ou de purée. Pour les épices comme le safran ou le cari, il faut d'abord les infuser dans un peu d'eau avant de les ajouter aux œufs. Pour les cuire, bien saler l'eau. La pâte obsorbera le sel pendant la cuisson.

Il n'y a rien comme une sauce bolognaise ou une sauce tomate maison servie avec des pâtes fraîches !

GNOCCHI À LA COURGE BUTTERNUT

Ingrédients

1 courge Butternut
(petite, d'environ 675 g/1 1/2 lb)

Huile d'olive

2 têtes d'ail

Sel et poivre, au goût

250 g (1/2 lb) de pommes de terre Yukon Gold (moyennes)

2 jaunes d'œufs

2 œufs entiers

Beurre clarifié

Parmesan râpé, au goût

250 g (1 3/4 tasse) de farine

Préparation

1. Éplucher les courges et les couper en cubes (voir technique Courge Butternut [purée], p. 25).

2. Les mettre au four avec un peu d'huile d'olive. Cuire à demi et ajouter les gousses d'ail en chemise, du sel et du poivre.

3. Cuire pendant au moins 1 heure à 190 °C (375 °F).

4. Réduire en purée au robot avec la pulpe des gousses d'ail. Il en faudra 550 g (1 1/4 lb).

5. Envelopper les pommes de terre de papier d'aluminium et les cuire au four, les peler, puis les réduire en purée avec le presse-purée. Il en faudra 200 g (7 oz). Réserver au froid.

6. Le lendemain, ajouter la purée de pommes de terre à la purée de courges, aux jaunes d'œufs et aux œufs, et bien mélanger. Rectifier l'assaisonnement et mettre l'appareil dans un sac à décorer avec une douille lisse n° 6.

7. Porter un sautoir d'eau légèrement salée à ébullition.

8. Au-dessus du sautoir, presser sur le sac pour faire sortir la purée et couper avec un couteau pour faire de petits gnocchi. Pour éviter que la pâte colle au couteau, mouiller la lame régulièrement.

9. Cuire jusqu'à ce que les gnocchi remontent à la surface.

10. Bien les éponger et les faire rôtir dans une poêle avec du beurre clarifié pour les colorer. Servir sans attendre et saupoudrer de parmesan.

Ces gnocchi sont fabuleux et très différents de la technique avec les pommes de terre roulées à la main. Ils sont plus rapides à réaliser et ont un goût très raffiné.

Je les accompagne d'une palette de veau braisé ou d'un carré de porcelet des Fermes Gaspor à Saint-Canut, dans les Laurentides.

BISCUITS À LA CUILLÈRE OU DOIGTS DE DAME

Ingrédients

5 jaunes d'œufs

125 g (1/2 tasse) de sucre

125 g (3/4 tasse) de farine, tamisée

5 blancs d'œufs

20 g (2 c. à soupe) de sucre glace

Préparation

1. Préchauffer le four à 180 °C (350 °F).

2. Mélanger les jaunes d'œufs avec 90 g (5 c. à soupe) de sucre et les blanchir au moins 5 minutes. Ajouter doucement la farine tamisée et bien mélanger.

3. Monter les blancs d'œufs en neige ferme (les 5 blancs d'œufs doivent donner 250 ml (précisément) et les serrer à mi-parcours avec le sucre restant.

4. Incorporer délicatement la meringue à la première préparation à l'aide d'une spatule en bois ou d'une maryse. La pâte ainsi obtenue ne peut attendre, il faut l'utiliser immédiatement.

5. Remplir une poche munie d'une douille unie. Pour cela, on peut utiliser une corne.

6. Dresser sur une plaque à pâtisserie recouverte d'un Silpat ou d'une feuille de papier sulfurisé légèrement graissée. Coucher tous les biscuits en une seule fois.

7. Les saupoudrer de sucre glace.

8. Enfourner 14 minutes environ.

9. Au terme de la cuisson, lorsque les biscuits sont gonflés et colorés, retirer la plaque du four et laisser refroidir.

Les biscuits à la cuillère sont très utiles en pâtisserie. Ce sont eux qui garnissent le gâteau tiramisu et les diverses charlottes, ou bien ils sont dégustés tout simplement au goûter.

PÂTE À CHOUX

Ingrédients

125 ml (1/2 tasse) d'eau
125 ml (1/2 tasse) de lait
1,25 ml (1/4 c. à thé) de sel
1,25 ml (1/4 c. à thé) de sucre
125 g (1/2 tasse) de beurre
150 g (1 tasse) de farine
5 œufs

Pour la dorure
1 jaune d'œuf
15 ml (1 c. à soupe) de lait

Préparation

1. Préchauffer le four à 190 °C (375 °F).

2. Verser l'eau, le lait, le sel, le sucre et le beurre dans une casserole et porter à ébullition.

3. Ajouter la farine et mélanger avec la spatule en bois. Cuire jusqu'à ce que la pâte décolle bien du fond et des parois de la casserole.

4. Déposer la pâte dans le malaxeur et démarrer pour tiédir l'appareil. Ajouter doucement les œufs un à un. La pâte se dissocie au début.

5. La pâte doit être bien homogène et s'affaisser légèrement. Elle doit faire des pics lorsqu'on trempe le fouet dans la pâte.

6. Verser la pâte dans une poche à décorer munie d'une douille lisse n° 5.

7. Sur une plaque à pâtisserie tapissée d'un Silpat ou d'une feuille de silicone, faire de petites boules de 3 cm de diamètre avec suffisamment d'espace entre chacune pour qu'elles ne se touchent pas en levant.

8. Faire une dorure avec 1 jaune d'œuf et 15 ml (1 c. à soupe) de lait. En badigeonner les boules.

9. Cuire au four 20 minutes.

10. Laisser sécher les choux sur une grille.

PÂTE À CIGARETTES (TUILES)

Ingrédients

75 g (1/3 tasse) de beurre doux
100 g (2/3 tasse) de sucre glace
3 blancs d'œufs
100 g (2/3 tasse) de farine
5 ml (1 c. à thé) de vanille liquide

Préparation

1. Dans un bol en inox, ramollir le beurre en pommade. Ajouter le sucre glace et bien mélanger. Ajouter ensuite les blancs d'œufs (non montés), puis la farine, et enfin la vanille, au goût.

2. Réfrigérer si c'est pour une utilisation ultérieure. C'est une pâte qui se conserve très bien.

3. Préchauffer le four à 200 °C (400 °F).

Au restaurant, notre chef pâtissier Maxime aime bien fabriquer des moules de différentes formes avec des couvercles de récipients en plastique. Il met un Silpat sur une plaque à pâtisserie (de 18 x 24 po) et y place son moule. Ensuite, il y place l'appareil à tuile et l'étend avec une petite spatule coudée. Il retire le moule chaque fois. Il met la plaque au four et la cuit à 200 °C (400 °F), 7 ou 8 minutes, et il la retire lorsque les tuiles sont dorées.

Il faut travailler les tuiles à chaud si on veut leur donner une forme, comme les mettre sur un rouleau à pâte ou sur un verre à l'envers.

PÂTE À CRUMBLE

Ingrédients

125 g (1/2 tasse) de beurre ramolli
100 g (2/3 tasse) de sucre glace
100 g (3/4 tasse) de poudre d'amandes
1 pincée de sel
100 g (2/3 tasse) de farine

Préparation

1. Mettre tous les ingrédients ensemble dans un cul-de-poule, mélanger avec les doigts et émietter grossièrement.

2. Laisser reposer 1 heure au réfrigérateur.

3. Enfourner à 180 °C (350 °F) jusqu'à ce que la pâte soit dorée. La sortir du four et la laisser refroidir. La mettre dans un récipient hermétique pour utilisation ultérieure.

PÂTE À GAUFRES

Ingrédients

180 ml (3/4 tasse) de beurre doux
180 ml (3/4 tasse) de lait 2 %
3 œufs
1 pincée de sel
75 g (1/2 tasse) de farine
75 g (1/2 tasse) de farine de sarrasin
45 ml (3 c. à soupe) de sucre
1 pincée de cannelle

Préparation

1. Faire fondre le beurre dans une casserole, le verser dans un bol et ajouter le lait. Incorporer les œufs en fouettant.

2. Mélanger tous les ingrédients secs et les incorporer aux ingrédients liquides. Laisser reposer 30 minutes au réfrigérateur, puis verser dans le gaufrier.

PÂTE À GÉNOISE

Ingrédients

8 œufs
200 g (200 ml) de sucre
200 g (1 1/4) de farine
60 g (60 ml) de beurre doux, fondu
Un peu de beurre et de farine, pour enfariner le moule

Préparation

1. Préchauffer le four à 180 °C (350 °F).

2. Battre les œufs et le sucre dans le bol du malaxeur, sous une source de chaleur ou, mieux, dans un bain-marie, quelques minutes.

3. Installer le bol du malaxeur et activer à vitesse maximum jusqu'à ce que le mélange triple de volume et blanchisse. Mettre le bol sur le plan de travail.

4. Tamiser la farine et l'incorporer doucement au mélange. Plier avec une maryse, ou avec une écumoire dans le cas d'une plus grande quantité. À la toute fin, ajouter le beurre fondu.

5. Beurrer et fariner un moule à génoise et y verser le mélange.

6. Cuire au four de 8 à 10 minutes.

7. Retirer du four, laisser tempérer et démouler la génoise.

PÂTE BRISÉE

Ingrédients

200 g (3/4 tasse) de beurre à
température ambiante
250 g (1 3/4 tasse) de farine
5 ml (1 c. à thé) de sel fin
60 ml (4 c. à soupe) de lait 3,25 % ou d'eau

Préparation

1. Couper le beurre en petits morceaux et
les mettre dans un bol en inox avec la farine.
Sabler avec les 2 mains en frottant doucement
et faire un puits au centre du bol.

2. Dissoudre le sel dans le lait et verser le lait
au milieu, en remuant bien et régulièrement,
toujours avec les doigts, jusqu'à la formation
d'une boule.

3. Poser celle-ci sur un plan de travail et
l'écraser sous la paume en la repoussant. La
ramasser sur elle-même et recommencer pour
la rendre homogène. Former de nouveau une
boule et l'aplatir légèrement entre les mains.
L'envelopper de pellicule de plastique et la
laisser reposer 2 heures au réfrigérateur, avant
de l'abaisser au rouleau à pâtisserie.

. . . .

PÂTE SUCRÉE

Ingrédients

500 g (1 lb) de beurre
340 g (2 1/4 tasse) de sucre glace
4 œufs
750 g (6 tasses) de farine

Préparation

1. Mettre le beurre avec le sucre et bien les
sabler dans le bol du mélangeur.

2. Incorporer les œufs un à un et bien
mélanger. Ajouter la farine doucement.

3. Laisser reposer au réfrigérateur au moins
3 heures.

4. Lorsque la pâte a refroidi, l'abaisser à
3 mm ou 4 mm d'épaisseur, selon la grandeur
du moule à fond amovible. Foncer le moule
avec l'abaisse. Recouvrir la pâte de petits pois
secs pour empêcher la pâte de redescendre
lors de la cuisson. Mettre le moule sur une
plaque au four à 200 °C (400 °F), cuire
12 minutes.

Cette technique s'appelle «cuire à blanc». À la
sortie du four, il ne reste qu'à retirer les petits
pois et à garnir la tarte de crème pâtissière et
de fruits frais. On peut remplacer les petits
pois par une feuille de papier d'aluminium.

Cette pâte est superbe, mais difficile à réussir.
Il faut la travailler rapidement en évitant de la
manipuler avec les doigts.

BEURRES

· ·

144

BEURRE BLANC

Ingrédients

2 échalotes françaises

80 ml (1/3 tasse) de vinaigre de cidre ou de vinaigre de vin blanc

45 ml (3 c. à soupe) d'eau

Poivre, au goût

250 g (1 tasse) de beurre demi-sel, en cubes

Préparation

1. Éplucher les échalotes et les ciseler finement.

2. Les mettre dans une casserole avec le vinaigre, l'eau et le poivre. Cuire doucement et laisser réduire aux deux tiers.

3. Incorporer le beurre à l'aide d'un fouet, par petites quantités à la fois, hors du feu.

Pour réussir le beurre blanc, il faut ajouter les cubes de beurre froid au fur et à mesure et attendre qu'ils soient fondus et bien lisses avant d'en ajouter d'autres. Certains cuisiniers ajoutent quelques cuillères à soupe de crème au départ, ce qui augmente considérablement le taux de réussite, mais alors ce n'est plus un véritable beurre blanc.

L'avantage avec ce beurre, c'est qu'on peut l'aromatiser au goût en y ajoutant les saveurs appropriées : du safran avec un vivaneau, du cari avec de la lotte, de la vanille et du poivre rose avec des pétoncles et, pourquoi pas, du corail de homard cru pour le homard.

BEURRE CITRON

Ingrédients

1 citron

45 ml (3 c. à soupe) d'eau

125 g (1/2 tasse) de beurre demi-sel

Préparation

1. Préparer les ingrédients et réserver près de la cuisinière. Presser le citron et conserver le jus, sans noyau, dans un petit bol en verre. Couper le beurre demi-sel en cubes de 1/2 cm (1/4 po) de côté et le conserver très froid.

2. Verser l'eau dans une tasse à mesurer. Chauffer une casserole à feu vif. Lorsqu'elle est très chaude, verser quelques gouttes d'eau au fond. Si elle perle, c'est la bonne température.

3. Verser simultanément l'eau et le beurre. Pendant que tout fume abondamment, brasser énergiquement avec un fouet métallique au-dessous de la hotte. Ajouter le jus de citron et poivrer. Ajouter un peu de sel, au goût.

Ce beurre ne doit jamais bouillir après le choc thermique.

Ce beurre a fait jaser des centaines de personnes depuis le début de ma carrière. Durant mon apprentissage en Colombie-Britannique, à Revelstoke dans les Rocheuses, un certain chef nommé Peter Miller le réussissait avec brio.

BEURRE CLARIFIÉ

Ingrédients

1,5 kg (3 lb) de beurre salé

Préparation

1. Placer le beurre dans une casserole assez haute pour que, une fois le beurre fondu, le niveau soit à moitié.

2. Porter le beurre à douce ébullition. Au début, le beurre mousse beaucoup. Attendre 1 ou 2 minutes, puis, quand le beurre commence à se séparer de ses impuretés, écumer constamment. Cette méthode est celle des restaurants et elle demande une grande quantité de beurre pour fonctionner.

Pour la maison, je suggère de prendre 250 g (1 tasse) de beurre salé et de le faire fondre dans une tasse en verre, doucement, au micro-ondes. Une fois fondu, le beurre se sépare et le petit-lait se retrouve au fond, et la mousse salée, au-dessus.

3. Il ne reste qu'à retirer, à l'aide d'une cuillère, la mousse du dessus, puis à verser la belle huile jaune dans un autre récipient, en évitant bien sûr d'y verser du petit-lait.

Ce beurre clarifié se conserve au moins deux semaines au réfrigérateur.

· ·

BEURRE MAÎTRE D'HÔTEL

Ingrédients

225 g (1/2 tasse) de beurre demi-sel
60 ml (4 c. à soupe) de persil, haché
30 ml (2 c. à soupe) de jus de citron
Fleur de sel et poivre du moulin, au goût

Préparation

1. Tempérer le beurre et le réduire en pommade.

2. Hacher finement le persil et l'incorporer au beurre, ajouter le jus de citron et bien assaisonner.

3. Rouler en boudin dans du papier sulfurisé. Laisser durcir au frais. Pour le service, retirer le papier et tailler le beurre en rondelles pour mettre sur un steak ou en pommade sur un demi-homard (voir technique Homard [griller], p. 110).

BEURRE MANIÉ

Ingrédients

30 ml (2 c. à soupe) de beurre demi-sel
30 g (3 c. à soupe) de farine tout usage

Préparation

1. Tempérer le beurre et le réduire en pommade.

2. Incorporer la farine au beurre ramolli et bien mélanger.

Le beurre manié est toujours pratique au travail. Pour épaissir un velouté de poisson pour une coquille de fruits de mer ou un bouillon de volaille pour un vol-au-vent, le beurre manié est tout indiqué.

Il suffit de chauffer le fumet, le bouillon, le lait ou le jus de viande et d'y incorporer le beurre manié par petites noisettes une à la fois.

Fouetter rapidement et laisser cuire quelques minutes pour épaissir à votre convenance et pour atténuer le goût de la farine non cuite. Ce sera bien meilleur que la fécule de maïs et on obtiendra une plus belle texture.

FONDS, SAUCES ET VINAIGRETTES

· ·

148

BOUILLON DE VOLAILLE

Ingrédients

1 carcasse de poulet cru
1 oignon, émincé
2 gousses d'ail, en chemise
2 litres (8 tasses) d'eau
1 branche de thym frais
1 feuille de laurier frais

Préparation

1. Faire revenir la carcasse en morceaux 3 ou 4 minutes pour la colorer. Ajouter l'oignon et l'ail, puis continuer à faire revenir un moment.

2. Ajouter l'eau, le thym et le laurier et faire bouillir 45 minutes.

Filtrer et assaisonner le bouillon de volaille, et l'utiliser entre autres pour réchauffer des pâtes, pour mouiller un risotto ou un potage.

COURT-BOUILLON

Ingrédients

1 carotte
1 oignon
1 branche de céleri
15 ml (1 c. à soupe) de beurre clarifié*
1 litre (4 tasses) d'eau
1 branche de thym frais
6 grains de poivre
3 feuilles de laurier frais
1 citron, coupé en rondelles

Préparation

1. Éplucher, canneler et couper la carotte en rondelles.

2. Éplucher l'oignon, le couper en 2 et l'émincer.

3. Bien nettoyer le céleri et le couper en fines demi-rondelles.

4. Faire revenir tous les légumes dans le beurre clarifié.

5. Mouiller avec l'eau et ajouter le thym, le poivre et le laurier.

6. Porter à ébullition quelques minutes et ajouter les rondelles de citron à la toute dernière minute.

J'ajoute du vin blanc dans le court-bouillon dans certaines préparations de luxe, comme mon crabe au court-bouillon ou encore quand je fais un poisson à la nage. Dans ce dernier cas, on sert le court-bouillon monté au beurre pour l'accompagner.

* (Voir recette, p. 146)

FOND DE VEAU

Ingrédients

5 kg (11 lb) d'os de veau
1/2 pied de céleri
1 kg (2 1/4 lb) de carottes
1 kg (2 1/4 lb) d'oignons
250 ml (1 tasse) de pâte de tomate
2 têtes d'ail
1 vert de poireau
6 branches de thym
Quelques queues de persil
5 feuilles de laurier
10 grains de poivre noir

Préparation

1. Pincer les os au four à 200 °C (400 °F) jusqu'à coloration voulue dans une grande rôtissoire, soit environ 1 heure, en les tournant à mi-cuisson.

2. Pendant ce temps, couper le céleri, les carottes et les oignons en mirepoix, grossièrement.

3. Quand les os sont bien rôtis, beurrer chaque os avec la pâte de tomate et ajouter la mirepoix. Faire colorer le tout encore 30 minutes.

4. Vider le contenu de la rôtissoire dans une marmite et mouiller 30 cm par-dessus les os avec de l'eau.

5. Remettre la rôtissoire sur le feu et déglacer avec 1 litre (4 tasses) d'eau. Bien remuer le fond avec une spatule et vider le contenu dans la marmite avec l'ail, le vert de poireau et les queues de persil. Ajouter le thym, le laurier et le poivre en grains.

6. Laisser mijoter à feu doux de 12 à 15 heures à faible ébullition et en écumant à plusieurs reprises.

7. Couler le jus au chinois dans un seau. Rapidement, mettre au réfrigérateur, au moins 3 heures. Une fois le fond refroidi, retirer la couche de gras sur le dessus et remettre le jus dans une casserole pour le réduire.

Je fais réduire suffisamment ce jus pour qu'il soit goûteux et qu'il ait une belle texture et une belle couleur. Il n'est pas rentable de faire ce fond avec moins de 5 kg (11 lbs) d'os. Au resto, on le fait avec au moins 20 kg (44 lbs) d'os, ce qui nous donnera une vingtaine de litres de jus de veau que nous réduirons environ de moitié. Nous les conservons dans des récipients de 1 litre (4 tasses) au réfrigérateur.

· ·

FUMET DE POISSON

Ingrédients

1 oignon moyen
1 blanc de poireau
30 ml (2 c. à soupe) d'huile d'olive
1 feuille de laurier frais
1 branche de thym
1 kg (2 1/4 lb) d'arêtes de poisson dégorgé

Préparation

1. Émincer l'oignon et le blanc de poireau.

2. Les faire revenir dans l'huile d'olive, dans une casserole, sans les colorer. Ajouter la feuille de laurier et la branche de thym.

3. Ajouter les arêtes, couvrir d'eau froide et laisser mijoter à faible ébullition 30 minutes.

4. Passer le fumet au chinois.

Souvent, on a tendance à trop mettre d'eau et à cuire trop longtemps un fumet. Mouiller à la hauteur des arêtes et laisser mijoter doucement. Vous verrez la différence. Le choix des arêtes est également important. Les arêtes de poisson blanc sont les meilleures, surtout celles de la sole.

FONDUE DE TOMATES FRAÎCHES

Ingrédients

6 tomates fraîches
30 ml (2 c. à soupe) d'échalote française, hachée
2 gousses d'ail, hachées
30 ml (2 c. à soupe) d'huile d'olive
Sel et poivre, au goût

Préparation

1. Monder les tomates (voir technique, p. 43) et conserver les parures pour une sauce tomate.

2. Dans une casserole, faire revenir l'échalote et l'ail dans l'huile d'olive. Ajouter les tomates concassées. Saler et poivrer à mi-cuisson.

3. Ajouter un peu de triple concentré de tomate pour corser la fondue et lier le jus de végétation.

4. Terminer la cuisson doucement, sans abîmer les tomates.

J'utilise cette fondue à toutes les sauces, mais, le plus souvent, c'est sur la courge spaghetti (voir technique, p. 26) et dans ma fondue au fromage valaisane que je l'apprécie le plus. À l'occasion, elle sert de sauce d'accompagnement aux beignets de fleurs de courgette et aux sardines, comme dans le sud de la France.

JUS RACCOURCI DE CANARD

Ingrédients

1 carcasse de canard
30 ml (2 c. à soupe) de beurre clarifié*
250 ml (1 tasse) de mirepoix
4 gousses d'ail, en chemise
1 branche de thym
1 feuille de laurier
250 ml (1 tasse) de vin blanc
500 ml (2 tasses) de fond de veau
250 ml (1 tasse) d'eau

Préparation

1. Concasser la carcasse de canard en petits morceaux.

2. Faire chauffer un sautoir avec le beurre clarifié et y faire rissoler les os de canard.

3. Une fois les os bien saisis, ajouter la mirepoix et continuer à rissoler pour bien la colorer aussi.

4. Ajouter les gousses d'ail en chemise, le thym, le laurier, puis déglacer au vin blanc. Faire réduire quelques minutes et ajouter le fond de veau. Compléter le mouillement avec de l'eau pour couvrir de 2 cm le dessus des os.

5. Amener à ébullition et laisser réduire de moitié. Passer la sauce au chinois dans une petite casserole et réduire jusqu'à consistance désirée. Réserver au chaud.

Le jus raccourci porte bien son nom : il est un compromis entre un fond et une sauce, un raccourci pour y arriver plus vite en utilisant une technique de fond, mais avec les ingrédients de la sauce.

*(Voir recette, p. 146)

MAYONNAISE

Ingrédients

3 jaunes d'œufs
30 ml (2 c. à soupe) de moutarde de Dijon
15 ml (1 c. à soupe) de vinaigre de vin rouge
Sel, au goût
Piment d'Espelette, au goût
250 ml (1 tasse) d'huile de pépins de raisin

Préparation

1. Dans un cul-de-poule, mélanger à l'aide d'un fouet les jaunes d'œufs, le vinaigre de vin rouge, le sel et le piment d'Espellette.

2. Incorporer l'huile doucement en filet à la préparation en fouettant énergiquement

Pour réussir la mayonnaise, il suffit de verser l'huile en filet, doucement au début.

Si on est seul, plier un linge humide en boucle et le placer sous le bol pour le maintenir en place.

Dans le cas où la mayonnaise serait trop liquide, continuer à ajouter de l'huile pour ajuster sa texture jusqu'à consistance parfaite.

PERSILLADE ET SAUCE RAVIGOTE

Ingrédients

15 ml (1 c. à soupe) de vinaigre de vin blanc
45 ml (3 c. à soupe) d'huile
Sel
3 branches de persil
2 grosses gousses d'ail, dégermées et épluchées
Poivre

Préparation

1. Verser dans un bol en inox le vinaigre et le sel, et les mélanger, car le sel ne se dissout pas dans l'huile.
2. Ensuite, verser l'huile doucement et émulsionner.

3. Hacher finement le persil et l'ail, et les ajouter à la préparation. Poivrer.

POUR LA SAUCE RAVIGOTE

Ingrédients

1 œuf dur
15 ml (1 c. à soupe) d'estragon, haché finement
1 recette de sauce persillade

Préparation

1. Au couteau, hacher l'œuf finement, puis le mélanger à la persillade, avec l'estragon haché.

La sauce ravigote est un dérivé de la sauce persillade et elle accompagne à merveille la langue de veau (voir, p. 72).

SAUCE BÉARNAISE

Ingrédients

Pour la réduction

15 ml (1 c. à soupe) de poivre
60 ml (4 c. à soupe) d'échalote française, hachée
4 branches d'estragon
15 ml (1 c. à soupe) de beurre clarifié*
125 ml (1/2 tasse) de vinaigre de vin rouge ou blanc

Pour la béarnaise

4 gros jaunes d'œufs
30 ml (2 c. à soupe) de vin blanc
15 ml (1 c. à soupe) d'eau
15 ml (1 c. à soupe) de réduction
125 ml (1/2 tasse) de beurre clarifié
15 ml (1 c. à soupe) d'estragon haché

Préparation

Pour la réduction

1. Écraser le poivre avec un mortier ou le fond d'une casserole.

2. Éplucher et hacher finement l'échalote.

3. Effeuiller et hacher finement l'estragon.

4. Dans une casserole, chauffer le beurre et y faire revenir le poivre. Ajouter l'échalote, mouiller avec le vinaigre de vin et ajouter l'estragon haché.

5. Faire réduire jusqu'à ce que le vinaigre soit complètement évaporé.

6. Réserver cette réduction au réfrigérateur.

Pour la béarnaise

7. Déposer les jaunes d'œufs dans un bol en inox avec vin blanc et l'eau. Fouetter énergiquement pour faire mousser.

8. Placer le bol sur une casserole d'eau. Porter à ébullition et fouetter jusqu'à ce que le mélange triple de volume et blanchisse. Retirer du feu, ajouter la cuillère de réduction, puis incorporer doucement le beurre fondu, toujours en fouettant.

9. Terminer avec l'estragon haché.

J'aime infiniment cette sauce qui accompagne bien les viandes grillées et même certains poissons.

* (Voir recette, p. 146).

SAUCE BÉCHAMEL

Ingrédients

45 ml (3 c. à soupe) de beurre
45 ml (3 c. à soupe) de farine tout usage
500 ml (2 tasses) de lait
1 feuille de laurier
1 branche de thym
Sel et poivre blanc, au goût
Un peu de muscade, râpée

Préparation

1. Dans une casserole, faire fondre le beurre à feu moyen. Ajouter la farine pour obtenir un roux blanc. Laisser cuire 2 minutes en mélangeant. Ne pas colorer, sinon la sauce en souffrira.

2. Verser le lait chaud sur le roux et ajouter le laurier, le thym, le sel et le poivre blanc. Cuire de 5 à 7 minutes, en remuant constamment. Rectifier l'assaisonnement et terminer avec un peu de muscade râpée.

La cuisson est très importante pour bien lier la sauce et finir de cuire la farine dans le roux. Si la sauce est trop épaisse, ajouter du lait en cours de cuisson ou de la crème à 35 %, ce qui la rendra riche et onctueuse. Pour finir, la passer au tamis et rectifier l'assaisonnement !

Un dérivé intéressant est la sauce Mornay : ajouter environ 60 g (1/4 tasse) de gruyère râpé à la béchamel.

SAUCE ESCABÈCHE

Ingrédients

2 gousses d'ail
1 carotte
1 branche de céleri
1 oignon
Huile d'olive
3 feuilles de laurier
1 branche de thym
5 grains de poivre noir
60 ml (1/4 tasse) d'eau
60 ml (1/4 tasse) de vinaigre de xérès
60 ml (1/4 tasse) de vin blanc

Préparation

1. Dégermer et émincer l'ail.

2. Laver, éplucher et émincer la carotte, le céleri et l'oignon.

3. Faire revenir tous les légumes dans un sautoir dans l'huile d'olive, puis ajouter le laurier, le thym et le poivre.

4. Ajouter l'eau, le vinaigre de xérès et le vin.

5. Cuire 10 minutes à faible ébullition et verser directement sur des filets de poisson (voir Sardine du Portugal [en escabèche], p. 97).

SAUCE GRIBICHE

Ingrédients

3 œufs durs
15 ml (1 c. à soupe) de moutarde de Dijon
250 ml (1 tasse) d'huile de pépins de raisin
15 ml (1 c. à soupe) de vinaigre de vin rouge
Sel et poivre du moulin, au goût
15 ml (1 c. à soupe) de cornichons, hachés
15 ml (1 c. à soupe) de ciboulette, hachée
Pluches de cerfeuil
Feuilles d'estragon, hachées

Préparation

1. Écraser les jaunes d'œufs durs en purée, puis ajouter la moutarde et la monter en mayonnaise avec l'huile.

2. Ajouter le vinaigre, saler et poivrer, puis incorporer les cornichons, la ciboulette, puis les blancs d'œufs durs, coupés finement.

3. Ajouter à la toute fin le cerfeuil et les feuilles d'estragon.

Pour réussir la sauce gribiche, s'assurer que tous les ingrédients sont à la même température avant de les mélanger. Les sortir du réfrigérateur 1 heure avant la préparation.

Cette sauce est délicieuse avec la tête de veau. Elle peut être servie avec un pot-au-feu ou avec des viandes froides telles que le rôti de veau ou de bœuf.

SAUCE HOLLANDAISE

Ingrédients

3 jaunes d'œufs
45 ml (3 c. à soupe) de vin blanc
15 ml (1 c. à soupe) d'eau
125 g (1/2 tasse) de beurre clarifié*
Sel et piment d'Espelette
Jus d'un citron

Préparation

1. Dans un cul-de-poule, faire mousser les jaunes d'œufs avec le vin blanc et l'eau.

2. Placer le cul-de-poule sur un bain-marie et cuire comme un sabayon.

3. Retirer du feu et incorporer le beurre par petites quantités à la fois.

4. Assaisonner de sel et de piment d'Espelette et ajouter le jus de citron.

Pour réussir cette sauce, la cuire doucement au bain-marie en fouettant énergiquement, plutôt qu'en la faisant seulement mousser. Sa cuisson est parfaite lorsqu'elle adhère au cul-de-poule.

C'est en quelque sorte un sabayon qu'on émulsionne avec du beurre fondu.

La sauce hollandaise servie avec un saumon poché ou un omble chevalier et des pommes de terre bouillies est un vrai festin. Quelle recette a le plus de popularité : l'œuf bénédictine ou la sauce hollandaise ? Peu importe, les deux sont inséparables !

* (Voir recette, p. 146).

SAUCE POULETTE

Ingrédients

1 kg (2,2 lb) de moules
30 ml (2 c. à soupe) d'échalote française
30 ml (2 c. à soupe) de beurre clarifié*
250 ml (1 tasse) de vin blanc sec
250 ml (1 tasse) de crème 35 %
15 ml (1 c. à soupe) de ciboulette, ciselée, ou
de persil, haché
Beurre manié**

Préparation

1. Laver les moules en les passant sous l'eau froide dans une passoire ; ne jamais les faire tremper. Les gratter et retirer les filaments.

2. Hacher l'échalote française finement et la faire revenir dans le beurre clarifié dans une casserole assez grande pour contenir les moules. Ajouter les moules ainsi que le vin blanc.

3. Mettre un couvercle sur la casserole et remuer de temps à autre.

4. À l'aide d'une écumoire, retirer les moules aussitôt ouvertes. Les égoutter dans une passoire. Laisser refroidir.

5. Les décortiquer et les conserver dans leurs demi-coquilles, directement sur les assiettes, à température ambiante.

6. Passer au tamis le jus des moules dans une casserole plus petite, en prenant soin de ne pas verser toute la préparation, car quelques grains de sable pourraient s'être glissés dans le jus de cuisson.

7. Faire bouillir le jus de cuisson.

8. Prendre un peu de beurre manié avec une cuillère et l'ajouter à petites doses en fouettant énergiquement dans le jus. Poursuivre avec la crème et laisser mijoter doucement. Ajouter le parfum désiré : safran, cari, moutarde de Dijon, fines herbes (estragon, basilic), fromage bleu.

La sauce poulette est la base qui vous permettra d'innover en matière de moules.

* (Voir recette, p. 146).

** (Voir recette, p.147).

SAUCE VIERGE

Ingrédients

2 tomates
1 échalote française
1 gousse d'ail, épluchée et dégermée
15 ml (1 c. à soupe) de ciboulette
60 ml (1/4 tasse) d'huile d'olive extravierge
15 ml (1 c. à soupe) de vinaigre de xérès
Sel et poivre, au goût

Préparation

1. Hacher les tomates en petits cubes (voir Tomates [monder pour une brunoise], p. 43).

2. Hacher l'échalote et l'ail très finement.

3. Ciseler la ciboulette.

4. Déposer tous les ingrédients dans un bol en verre et verser l'huile d'olive. Ajouter le vinaigre de xérès, puis saler et poivrer.

Cette sauce toute simple rehausse des crevettes saisies rapidement. Une autre version intéressante consiste à ajouter des olives noires Kalamata hachées, de petits dés de poivron et du basilic ciselé. Je prends soin de bien mélanger tous les ingrédients sans les réduire en purée et je verse une généreuse cuillère de cette sauce sur un poisson grillé.

VINAIGRETTE À LA FRANÇAISE

Ingrédients

30 ml (2 c. à soupe) de vinaigre de vin rouge
Sel, au goût
15 ml (1 c. à soupe) de moutarde de Dijon
125 ml (1/2 tasse) d'huile de pépins de raisin
Poivre, au goût

Préparation

Dans un bol en inox, mélanger ensemble le vinaigre et le sel pour le dissoudre.

Ajouter la moutarde et la diluer dans le vinaigre.

Commencer à verser l'huile doucement et émulsionner la vinaigrette comme une mayonnaise. Si la vinaigrette épaissit trop, ajouter 15 ml (1 c. à soupe) d'eau tiède, puis donner quelques tours de moulin à poivre.

Cette vinaigrette fait partie des recettes que nous préparons chaque semaine à la maison. Elle se conserve dans un contenant hermétique au réfrigérateur jusqu'à 2 semaines, mais j'avoue qu'elle est meilleure les premiers jours.

VINAIGRETTE AU VINAIGRE BALSAMIQUE ET PARFUM DE TRUFFE NOIRE

Ingrédients

30 ml (2 c. à soupe) d'échalote française
1 gousse d'ail
60 ml (1/4 tasse) de vinaigre balsamique
180 ml (3/4 tasse) d'huile d'olive
30 ml (2 c. à soupe) de tartufata
(purée d'olive noire)
10 ml (2 c. à thé) d'huile de truffe noire
Sel et poivre du moulin, au goût
15 ml (1 c. à soupe) de basilic, haché finement
Quelques gouttes de jus de citron (facultatif)

Préparation

1. Éplucher l'échalote et l'ail et les hacher finement.

2. Dans un bol en inox, mélanger délicatement le vinaigre balsamique, l'huile d'olive, l'ail et l'échalote sans émulsionner.

3. Ajouter la tartufata et l'huile de truffe et bien assaisonner.

4. Parfumer la vinaigrette avec le basilic frais.

Pour ma part, j'aime ajouter quelques gouttes de jus de citron à cette vinaigrette pour lui donner un peu de vitalité.

Cette vinaigrette est délicieuse sur un carpaccio de bœuf ou de thon, dans une salade de topinambour ou d'asperge crue.

EXTRAS

158

CARAMEL (FILER POUR DÉCORATION)

Ingrédients

454 g (2 tasses) de sucre granulé
125 ml (1/2 tasse) d'eau

Préparation

1. Préparer un bol d'eau glacée pouvant recevoir une casserole en cuivre après la cuisson.

2. Dans la casserole en cuivre, mettre le sucre et verser juste assez d'eau pour le dissoudre.

3. Porter à ébullition et cuire jusqu'à ce que le sirop commence à blondir. Pendant cette étape, il est conseillé de nettoyer avec un pinceau mouillé le tour de la casserole afin d'éviter la cristallisation.

4. À partir de ce moment, tout va très vite. Le sirop se transforme en caramel dès que la température atteint environ 150 °C (300 °F). La couleur sera plutôt ambré clair. À ce moment, déposer la casserole dans l'eau glacée.

5. Laisser épaissir et refroidir le caramel, puis commencer à le filer.

6. Pour le filer, remettre la casserole sur le feu et chauffer doucement. Brasser doucement avec une fourchette. Une fois la masse fondue, faire des tests en donnant des coups secs de haut en bas sur des feuilles de papier sulfurisé.

Le caramel trop chaud sera liquide ; le caramel trop froid sera épais. Dans les deux cas, il sera impossible de le filer.

Avec de l'entraînement, on trouve la texture juste. Essayer alors sur le dos d'une louche légèrement beurrée, toujours en filant, de faire des cages pour y déposer des sorbets.

CONFITURE DE BASE (FRAMBOISES)

Ingrédients

(donne 6 pots de 250 ml / 1 tasse)

1 kg (2 1/4 lb) de framboises
800 g (1 3/4 lb) de sucre
Jus de 2 citrons

Préparation

1. Première journée : mélanger les fruits avec le sucre et le jus de citron. Laisser macérer une nuit au frigo dans un récipient fermé hermétiquement !

2. Deuxième journée : une fois le sucre bien fondu et liquide, verser dans une bassine à confiture, porter à ébullition et retirer aussitôt du feu. Laisser reposer une nuit au frigo.

3. Troisième journée : porter à ébullition en écumant constamment. Retirer les fruits après une dizaine de minutes.

4. Laisser réduire du tiers le jus, puis ajouter les framboises et laisser frémir quelques minutes. Mettre en pots aussitôt.

Être confiturier est un métier en soi. La réalisation des confitures demande beaucoup d'amour, de soins, de patience et de savoir-faire.

Je m'intéresse à ce sujet depuis plusieurs années pour mes boutiques LR de Montréal et de Québec. Plusieurs saveurs sont nées depuis, framboises-cerises de Montmorency, framboises-litchis et eau de rose, framboises- fraises des bois, etc.

Faire ces confitures en trois étapes permet aux fruits de rendre leur pectine et ainsi de gélifier naturellement la préparation.

Si on diminue la quantité de sucre, la confiture sera un peu plus liquide.

Stériliser les pots Masson et leurs couvercles au lave-vaisselle, puis les sécher quelques minutes au four à 150 °C (300 °F). Verser directement les confitures en ébullition dans les pots, puis mettre les couvercles et les visser légèrement. Attendre que la chaleur et la pression scellent les pots et visser à nouveau.

CRÈME ANGLAISE

Ingrédients

10 jaunes d'œufs
160 g (3/4 tasse) de sucre
2 gousses de vanille
1 litre (4 tasses) de lait 2 %

Préparation

1. Blanchir les jaunes avec le sucre vigoureusement, avec un fouet. L'appareil doit doubler de volume.

2. Fendre les gousses de vanille en 2 et gratter les graines à l'intérieur.

3. Porter le lait à ébullition avec la vanille et le verser immédiatement sur les jaunes blanchis.

4. Remettre le tout dans la casserole et, à l'aide d'une spatule en bois, vanner la crème jusqu'à ce qu'elle nappe la cuillère. La température ne doit pas dépasser 84 °C (170 °F), sinon elle commencera à faire des grumeaux.

Pour vérifier si la crème est cuite, y tremper une cuillère en bois et passer un doigt sur la cuillère. S'il laisse une trace profonde, alors la crème est prête. On appelle cette étape « cuire à la nappe ».

· ·

CRÈME BRÛLÉE

Ingrédients

12 jaunes d'œufs
160 g (3/4 tasse) de sucre granulé
500 ml (2 tasses) de lait 3,25 %
500 ml (2 tasses) de crème 35 %
3 gousses de vanille

Préparation

1. Séparer les jaunes des blancs et conserver les blancs pour une autre utilisation.

2. Blanchir les jaunes avec le sucre.

3. Couper les gousses de vanille en 2 et les gratter pour retirer les graines à l'intérieur.

4. Mettre le lait, la crème et la vanille dans une casserole, et porter à ébullition.

5. Verser le lait immédiatement sur les jaunes d'œufs blanchis et bien mélanger avec une maryse.

6. Déposer les moules sur une plaque de cuisson et les remplir à ras bord. Cuire au bain-marie 1 heure à 110 °C (220 °F) ou jusqu'à ce que la crème tremblote légèrement au centre.

7. Tempérer quelques minutes et laisser reposer au réfrigérateur quelques heures.

8. Pour caraméliser les crèmes, les saupoudrer de sucre granulé et les brûler à l'aide d'un chalumeau.

La crème brûlée est l'un des desserts préférés des Québécois. Sa réussite repose vraiment sur la cuisson. Bien blanchir les œufs vous donnera une texture crémeuse en bouche. Cuire doucement et plus longtemps est un gage de réussite, et de la bonne vanille de Madagascar ou de Tahiti fait toute la différence.

DUXELLES

Ingrédients

250 g (1/2 lb) de champignons de Paris
3 grosses échalotes françaises
30 g (2 c. à soupe) de beurre
Sel et poivre, au goût
15 ml (1 c. à soupe) de persil, haché

Préparation

1. Couper le pied terreux et nettoyer les champignons en les passant sous l'eau rapidement, puis les essuyer. Les hacher finement, y compris les pieds.

2. Peler et ciseler finement les échalotes.

3. Faire chauffer le beurre dans un sautoir, sans le laisser colorer. Ajouter les échalotes ciselées.

4. Faire cuire très doucement en remuant, 3 ou 4 minutes. Ajouter les champignons et laisser cuire, toujours à feu doux, en remuant de temps en temps avec une spatule en bois, jusqu'à ce que toute l'eau de végétation soit évaporée.

Saler et poivrer. Ajouter le persil, remuer et retirer du feu.

La duxelles est utile dans plusieurs recettes, dont le fameux bœuf Wellington et la sauce périgourdine.

ŒUF POCHÉ

Ingrédients

4 œufs frais (moyens ou gros)
2 litres (8 tasses) d'eau
30 ml (2 c. à soupe) de vinaigre de vin blanc ou de vinaigre blanc
1 bonne pincée de sel

Préparation

1. Casser les œufs un à un dans de petits ramequins.

2. Porter à ébullition l'eau et le vinaigre blanc dans un sautoir et ajouter une bonne pincée de sel.

3. Faire un tourbillon au centre du sautoir à l'aide d'un fouet et déposer l'œuf au milieu.

4. Cuire les œufs 3 minutes, en les retournant après 1 1/2 minute.

5. Retirer les œufs avec une écumoire et les plonger dans l'eau fraîche, puis les déposer sur un papier absorbant. Ébarber les œufs à l'aide d'un emporte-pièce.

Les œufs pochés restent un mystère pour bien des gens. La technique proposée permet de préparer les œufs un peu à l'avance et de les réchauffer 1 minute dans l'eau bouillante au moment de les servir... si on désire les manger chauds, bien entendu.

S'assurer que l'eau est suffisamment vinaigrée, mais pas trop. Elle communiquerait alors son goût acide aux œufs.

Casser les œufs à l'avance évite les morceaux de coquille dans l'eau et les tempère. Ils réagissent mieux lorsqu'ils sont à la température ambiante.

Essayer le jus de citron : ses propriétés astringentes agissent beaucoup plus rapidement que le vinaigre ! Attention : toutes les techniques du monde ne valent pas grand-chose si les œufs ne sont pas frais.

La pincée de sel alliée à l'acidité aide à la coagulation du blanc.

Ma recette préférée avec les œufs pochés est sans conteste les œufs bénédictine !

Je poche aussi des œufs de caille que j'emprisonne ensuite dans une gelée de canard et je les accompagne d'une vinaigrette à la truffe ! Cette idée m'est venue après mon passage au restaurant Joe Beef. Merci, Fred !

OMELETTE

Ingrédients

3 œufs (par personne)
30 ml (2 c. à soupe) de crème 35 %
Sel, au goût
Beurre clarifié
Garniture, au choix
Poivre, au goût

Préparation

1. Casser les œufs dans de petits ramequins et s'assurer qu'il n'y a pas de morceaux de coquille.

2. Verser les œufs dans un cul-de-poule et les battre énergiquement avec une fourchette. Incorporer la crème et saler.

3. Chauffer le beurre clarifié dans une lyonnaise et verser d'un seul coup les œufs battus. Mélanger délicatement jusqu'à ce que les œufs commencent à coaguler. Rabattre les œufs cuits vers le centre à 2 ou 3 reprises.

4. Ajouter la garniture cuite ou le fromage, selon le cas, et poivrer. Replier l'omelette dans le fond de la poêle, prendre la poignée à l'envers et verser sur une assiette.

L'omelette n'est pas si facile à réussir. On doit la servir baveuse, c'est-à-dire pas trop cuite. Les œufs doivent être le plus frais possible pour que l'albumine atteigne un état de demi-dissolution, et ils doivent être bien battus avec une fourchette. Il ne faut jamais faire une omelette avec plus de six œufs, sinon elle serait exposée à une chaleur trop longtemps et cuirait inégalement.

L'omelette aux asperges blanches et au fromage Gaulois de Portneuf a ravi mon ami Jack de chez Nespresso au moment d'un petit déjeuner servi à mon chalet, il y a quelques années. Il m'en parle encore.

RISOTTO

Ingrédients

1,5 litre (6 tasses) de bouillon de volaille
1 oignon
2 gousses d'ail
45 ml (3 c. à soupe) d'huile d'olive
500 g (2 tasses) de riz carnaroli
250 ml (1 tasse) de vin blanc
Parmesan, au goût
1 noix de beurre
Sel et poivre, au goût

Préparation

1. Mettre à chauffer le fond de volaille.

2. Éplucher l'oignon et l'ail, et les ciseler finement. Dans un sautoir à fond épais, les faire revenir dans l'huile d'olive, sans caramélisation.

3. Ajouter le riz et le nacrer jusqu'à ce qu'il devienne translucide. Ajouter le vin et cuire à faible ébullition jusqu'à évaporation.

4. Ajouter le bouillon de volaille progressivement, tasse par tasse, jusqu'à ce que le riz soit cuit, mais encore *al dente*. Ajouter le parmesan et la noix de beurre. Rectifier l'assaisonnement.

Le risotto est une recette simple qui demande un tour de main spécial.

Bien entendu, la qualité du riz est primordiale.

Pour le réussir, on doit nacrer le grain de riz dans l'huile pour l'imperméabiliser, ce qui lui permettra par la suite de moins éclater à la cuisson. Le bouillon chaud est important aussi, car il évite d'allonger le temps de cuisson. Il n'est pas nécessaire de mettre tout le liquide; cela dépend du degré d'absorption du riz.

Un risotto prend environ 18 minutes à cuire à partir du moment où l'on verse le vin blanc.

Le brasser avec une cuillère en bois pendant toute la cuisson.

Il faut attendre qu'il ait absorbé tout le bouillon avant d'en ajouter d'autre.

Finalement, attendre d'avoir mis le beurre frais et le parmesan avant de l'assaisonner.

Un risotto doit se servir coulant et le riz doit être *al dente*.

Pour le conserver, arrêter la cuisson aux deux tiers et la terminer au moment de le réchauffer.

Ajouter au dernier moment des champignons, des restes de viande braisée.

On peut aussi remplacer le fond de volaille par du fumet de poisson et cuisiner un risotto aux fruits de mer ou au homard pour se gâter.

Si vous voulez parler avec l'Italien le plus passionné de la planète, qui saura vous conseiller les meilleurs risottos, passez voir mon ami Nicolas. Il tient une épicerie italienne dans le même établissement que la poissonnerie Reine de la mer.

SABAYON SUCRÉ

Ingrédients

4 jaunes d'œufs (gros)
60 ml (4 c. à soupe) de sucre granulé
60 ml (4 c. à soupe) de vin doux liquoreux
15 ml (1 c. à soupe) de Grand Marnier

Préparation

1. Dans un cul-de-poule, mélanger les jaunes et le sucre, puis ajouter le vin et l'alcool.

2. Brasser vigoureusement au départ. Le mélange doit déjà mousser à froid, sinon ajouter un peu d'eau chaude.

3. Porter le cul-de-poule sur un bain-marie et fouetter jusqu'à ce que la préparation soit onctueuse, de couleur jaune pâle, et assez épaisse pour coller au fond du cul-de-poule. Le feu doit être moyen pour que l'eau ne bouille pas trop fort.

4. Verser immédiatement dans des coupes en verre tapissées de fruits frais.

Il est possible de faire des sabayons de toutes les saveurs possibles et pour le nombre de personnes désiré. Conserver toujours les mêmes proportions par personne, soit 1 jaune, 15 ml (1 c. à soupe) de sucre, 15 ml (1 c. à soupe) de vin liquoreux et 15 ml (1 c. à soupe) de la saveur désirée.

LEXIQUE

167

A

Abatis : Abats de volaille, comprenant la tête, le cou, les gésiers, le cœur et le foie.

Abats : Parties comestibles d'un animal abattu, comprenant la cervelle, le foie, les ris et les rognons.

Abatte : Instrument de cuisine qui sert à battre et aplatir la viande.

Abricoter : Garnir de confit ou de marmelade d'abricots.

Acidulé : Saveur légèrement acide ou aigre.

Affiné : Se dit des aliments améliorés par le temps (ex : fruits ou fromage).

Aigre-doux : Se dit d'un aliment qui a une saveur à la fois aigre et douce.

Alléger : Se dit de certains aliments ou produits dont les proportions en gras, en sucre ou en alcool ont été diminuées (ex : fromages, jus de fruits, bières).

Amer : Se dit d'un aliment qui a une saveur irritante et même astringente.

Amourettes : Terme utilisé pour décrire la moelle épinière du bœuf, du mouton et du veau.

Aplatir : Rendre plus plat un poisson, une viande ou une volaille pour l'amincir uniformément.

Appareil : Mélange d'ingrédients qui servent à réaliser une préparation culinaire.

Âpre : Terme qui sert à décrire tout ce qui est désagréable au goûter, au toucher et à la vue.

Aqueux : Se dit d'une substance contenant de l'eau ou ayant le goût de l'eau.

Aromate : Substance provenant des végétaux pour parfumer les mets et leur donner davantage de goût.

Aromatiser : Ajouter des aromates ou des épices durant la préparation ou la cuisson de mets.

Arroser : Mouiller une viande ou une volaille durant la cuisson avec la graisse fondue ou son jus pour éviter qu'elle se dessèche et pour qu'elle prenne une belle couleur.

Astringent : Se dit d'un aliment qui provoque une forte sensation sur les papilles gustatives, entraînant parfois une impression d'assèchement.

Attendrir : Rendre un aliment plus tendre à l'aide de différentes techniques : l'aplatir avec une abatte, le mariner, le larder ou le cuire de façon appropriée.

B

Bain-marie : Ustensile de cuisson composé de deux casseroles, l'une contenant la préparation et que l'on dépose sur une autre contenant de l'eau maintenue près du point d'ébullition. Procédé culinaire servant également à maintenir une préparation au chaud.

Ballottine : Se dit d'une petite pièce de viande désossée, roulée, farcie et ficelée pour la cuisson. Se sert chaude ou froide.

Bavette : Coupe de viande à fibres longues, plus souvent provenant du bœuf.

Blanchir : Mettre des aliments dans l'eau salée et porter à ébullition pour cuire et conserver la couleur des légumes.

Bouillon : Bulles à la surface de l'eau ou d'un autre liquide bouillant. On appelle aussi « bouillon » le liquide obtenu par décoction ou ébullition de substances végétales ou animales (ex : bouillon de légumes ou de poulet).

Braiser : Cuire une viande, un poisson ou un légume longtemps dans une casserole couverte et dans peu de liquide, à feu doux.

Brider : Attacher avec de la ficelle les pattes et les ailes d'une volaille ou d'un gibier à plume pour les maintenir le long du corps.

Brunoise : Légumes coupés en dés minuscules et qui servent à composer un potage ou à garnir des viandes.

C

Canneler : Creuser de petits sillons parallèles et peu profonds à la surface d'un légume ou d'un fruit à l'aide d'un canneleur ou d'un couteau d'office pour en améliorer sa présentation.

Câpres : Boutons à fleur du câprier, utilisés comme condiments pour relever les sauces et les plats.

Caraméliser : Chauffer à feu doux du sucre pour le transformer en caramel.

Caviar : Œufs marinés de l'esturgeon.

Cervelle : En cuisine, terme utilisé pour nommer le cerveau des animaux. Partie comestible des animaux.

Champagne : Vin mousseux produit dans la province de Champagne en France.

Chapelure : Mie de pain séchée et réduite en poudre pour paner ou gratiner.

Châtrer : Enlever le boyau central des crevettes ou des langoustines avant de les cuisiner.

Chinois : Passoire de forme conique servant à filtrer les bouillons, les sauces et les crèmes fines ou à passer les sauces épaisses pour en éliminer les grumeaux.

Ciseler: Couper ou tailler en petits dés ou en très minces lanières des légumes et des herbes.

Citronner: Frotter la surface d'un fruit ou d'un légume avec du citron pour éviter qu'il noircisse au contact de l'air.

Compoter: Cuire doucement et longtemps, généralement des fruits ou des légumes, pour obtenir une compote ou une marmelade.

Concasser: Hacher ou couper plus ou moins grossièrement un aliment.

Condiment: Substance ajoutée à des aliments ou des plats cuisinés pour en relever le goût.

Confire: Cuire des aliments lentement dans la graisse, le sirop ou le sucre pour les conserver.

Confiture: Préparation de fruits entiers ou en morceaux, cuits dans un sirop de sucre.

Coulis: Terme utilisé pour désigner une purée liquide versée sur des aliments.

Couperet: Couteau à très grosse lame.

Court-bouillon: Liquide aromatisée d'herbes et d'oignons, généralement additionné de vinaigre ou de vin, pour cuire les poissons, les crustacés ou certaines viandes blanches.

Croquette: Petite bouchée ou boulette panée et frite, servie chaude en hors-d'œuvre ou en garniture.

Crustacé: Animal à carapace dure, vivant dans l'eau salée ou douce. Les crustacés les plus courants sont le crabe, l'écrevisse, la crevette, le homard et la langoustine.

D

Darne: Tranche épaisse de 4 cm à 10 cm d'un gros poisson tel que le saumon, l'esturgeon, le cabillaud.

Découper: Diviser en morceaux une volaille, une viande, un poisson pour les apprêter s'ils sont crus ou les servir s'ils sont cuits.

Décuire: Abaisser le degré de cuisson ou la consistance d'un caramel, d'un sirop ou d'une confiture en y ajoutant de l'eau froide.

Dégorger: Faire tremper de la viande, de la volaille, des abats dans l'eau froide pour les débarrasser des impuretés et du sang.

Dépecer: Mettre en morceaux une pièce de viande ou un animal entier.

Dessécher: Retirer l'humidité ou l'excédent d'eau d'un aliment ou d'une préparation.

Détendre: Assouplir une pâte ou un appareil en y ajoutant un liquide approprié.

Dorure: Mélange d'œufs battus ou de jaunes additionnés d'eau pour dorer les pâtes, les pâtisseries.

Douille: Tube en forme d'entonnoir que l'on met dans une poche de toile ou de plastique et dont on se sert en cuisine et en pâtisserie pour décorer.

Dresser: Disposer de façon harmonieuse tous les éléments d'une préparation (viande, garniture, sauce) dans un plat de service ou dans une assiette.

Duxelles: Hachis de champignons, d'échalotes et d'oignons sautés au beurre, utilisé comme farce, garniture ou élément d'une sauce.

E

Ébarber: Couper au ciseau les nageoires d'un poisson cru ou parfaire la présentation des œufs pochés en ôtant les filaments de blanc irréguliers.

Ébullition: Mouvement d'un liquide soumis à la chaleur lors de son passage à l'état gazeux.

Écosser: Enlever la cosse (enveloppe) de certaines légumineuses.

Écumer: Enlever à l'aide d'une écumoire, une cuillère ou une petite louche la mousse blanchâtre (écume) qui se forme sur un liquide agité ou en ébullition.

Édulcorant: Produit naturel (fructose, glucose) ou de synthèse (aspartame, saccharine) utilisé pour donner une saveur sucrée à un aliment ou à un produit.

Émincer: Couper en lamelles ou en tranches fines, d'égale épaisseur, des légumes, des fruits ou de la viande.

Émulsion: Mélange de deux substances liquides qui ne se mélangent pas habituellement, grâce à un émulsifiant. La moutarde et le jaune d'œuf sont deux émulsifiants largement utilisés en cuisine.

Entremets: Plat sucré qui se sert entre le fromage et le dessert, plus généralement comme dessert.

Épicer: Assaisonner une préparation avec des épices pour en relever le goût.

Équeuter: Retirer la queue d'un fruit.

Essence: Concentré de substances aromatiques utilisé pour rehausser le goût d'une préparation.

Étamine: Tissu peu serré utilisé pour passer un coulis, une sauce ou une purée de fruits.

Étouffée: Façon de cuire les aliments dans leur propre jus dans un récipient hermétique sans ajout de liquide ou de matière grasse.

Étuvée: Façon de cuire doucement des aliments à la vapeur, en vase clos, en leur ajoutant un corps gras et un peu de liquide.

Extrait: Concentré obtenu en faisant réduire le fond de cuisson d'une viande, d'un poisson ou de légumes.

F

Faisander: Laisser un gibier dans un lieu frais pour que sa chair soit plus tendre et développe un fumet agréable.

Faisselle: Contenant perforé, souvent en osier, servant à égoutter le fromage frais.

Fariner: Enrober un aliment de farine ou saupoudrer un moule de farine.

Faux-filet: Morceau de bœuf qui se situe le long de l'échine.

Féculent: Substance qui contient de l'amidon ou de la fécule.

Fermentation: État d'un corps en décomposition par l'action des enzymes ou des ferments.

Feuilletage: Méthode de préparation de la pâte feuilletée qui consiste à incorporer du beurre à la pâte en la pliant sur elle-même, puis en la laissant reposer entre les ajouts de beurre.

Filet mignon: L'extrémité la plus fine du filet de bœuf.

Flamber: Arroser un mets préalablement chauffé d'un alcool que l'on enflamme.

Foncer: Garnir le fond d'un ustensile de cuisine avec de la pâte.

Fond: Bouillon ou jus aromatique de viande, de légumes ou de poisson (fumet) utilisé dans la préparation des sauces et de nombreux mets cuisinés afin de les parfumer.

Fondant: Préparation à base de sirop de sucre cuit jusqu'à ce qu'il prenne la consistance d'une pâte épaisse. On l'utilise en confiserie.

Fraiser: Pousser et écraser la pâte, la pétrir.

Frapper: Refroidir rapidement la température d'une préparation en la plaçant dans un bain de glace ou au congélateur.

Frémir: Agitation subtile d'un liquide juste avant qu'il atteigne le point d'ébullition.

Fricassée: Ragoût de volaille ou de veau.

Frire: Cuire rapidement un aliment par immersion dans un corps gras très chaud.

Fumage: Méthode de conservation des aliments, notamment de la viande et du poisson, que l'on soumet à une exposition prolongée à la fumée.

Fumet de poisson: Préparation très concentrée, obtenue par la cuisson d'arêtes et de parures de poissons dans de l'eau.

G

Galantine: Préparation de viande maigre agrémentée de divers ingrédients (œufs, épices, etc.) et présentée dans la gelée.

Gélatine: Substance incolore et inodore extraite des os des animaux et de certains végétaux.

Gésier: Deuxième estomac d'un oiseau.

Gibier: Animaux sauvages comestibles, à plume ou à poil.

Glaçage: Couche brillante et lisse à la surface des aliments.

Glace: Préparation congelée à base de lait, de sucre, de fruits ou d'arômes variés.

Glace de viande: Réduction d'un fond de viande qui se présente sous forme de gelée consistante.

Glace royale: Préparation à base de sucre et de blancs d'œufs.

Glucose: Sucre provenant des fruits et dont la composition est identique à celle du sucre ordinaire.

Gluten: Substance azotée, molle, membraneuse, très élastique, insoluble dans l'eau et que l'on retrouve dans plusieurs aliments, entre autres dans la farine ; il en est la partie essentielle nutritive.

Goberge: On l'appelle « lieu noir » ou « colin » en Europe. Vendue fraîche ou surgelée, elle entre aussi dans la préparation du surimi qui sert notamment à la fabrication du « simili-crabe ».

Granité: Préparation congelée semi-prise à base de sirop de fruit ou de sirop aromatisé.

Grumeleux: Se dit d'un liquide contenant de petits agrégats formés de matières mal dissoutes.

H

Habiller: Préparer un poisson, une volaille ou un gibier pour la cuisson.

Hydromel: Boisson fermentée à base de miel.

I

Imbiber: Mouiller un gâteau avec un sirop ou un alcool pour le rendre moelleux et le parfumer.

Infuser : Faire macérer une substance aromatique dans un liquide bouillant afin que celui-ci s'en imprègne.

J

Julienne : Légumes coupés en bâtonnets très fins.

K

Kirsch : Eau-de-vie de cerises ou de merises.

L

Larder : Action d'introduire des morceaux de lard, plus ou moins gros, dans une pièce de viande.

Lardons : Petits morceaux de lard.

Lèchefrite : Ustensile de cuisine qui sert à recueillir la graisse et les jus de cuisson des viandes rôties ou cuites sur le gril.

Légume-racine : Légume dont la partie comestible est la racine, comme la carotte, la betterave, le panais, le navet, etc.

Levain : Culture de micro-organismes servant à provoquer la fermentation de certains aliments, notamment la pâte à pain.

Levure : Elle se compose de champignons capables de provoquer la fermentation de la matière organique. On l'utilise notamment dans la fabrication de la bière, du vin et de la pâte.

Lier : Épaissir une sauce ou une préparation liquide.

M

Macédoine : Mets composé de différents légumes ou de différents fruits coupés en petits morceaux de taille identique.

Macération : Action de laisser tremper, plus ou moins longtemps, un aliment dans un liquide pour qu'il s'imprègne de son parfum ou pour le conserver.

Macreuse : Dans la coupe française, viande provenant de l'épaule du bœuf.

Madère : Vin muté produit dans l'île de Madère

Maillet : Sorte de marteau présentant de petits pics, utilisé en cuisine pour attendrir la viande.

Manchonner : Nettoyer l'extrémité d'un os de façon à soigner la présentation d'une pièce de viande.

Marinière : Façon d'apprêter les moules ou les coquillages avec du vin blanc, des échalotes ou des oignons.

Marquer : Action de rassembler tous les ingrédients nécessaires à la préparation d'un plat. Démarrer la cuisson.

Maturité : État de mûrissement avancé d'un aliment.

Mendiant : Mélange de quatre fruits secs : amandes, figues, noisettes, raisins de Malaga.

Mignonnette : Poivre concassé.

Mitonner : Action de cuire longtemps à feu doux. De nos jours, on lui préfère le terme « mijoter ».

Monder : Nettoyer des grains, des pépins en les séparant de leur enveloppe.

Mornay : Béchamel à laquelle on a ajouté du fromage et des jaunes d'œufs.

Mouiller : Ajouter du liquide durant la cuisson.

Mouillette : Petit morceau de pain trempé dans un œuf à la coque ou dans un liquide.

Moût : Jus extrait de fruits ou de divers végétaux, notamment du raisin, destiné à la fermentation alcoolique.

N

Nage (à la) : Cuit dans un court-bouillon.

Nappe (à la) : Sauce réduite jusqu'à ce qu'elle enduise le dos d'une cuillère.

Napper : Recouvrir de sauce un plat.

Noisette : Portion de la grosseur d'une noisette (ex. : noisette de beurre).

P

Paleron : Pièce du bœuf qu'on retrouve dans les membres antérieurs.

Palette : Pièce de viande qui compose l'omoplate et la chair autour.

Paner : Enrober un aliment de mie de pain ou de chapelure avant de le frire, le sauter ou le griller.

Parer : Préparer les viandes, les légumes ou les fruits en vue de la cuisson en ôtant les parties non comestibles.

Pectine : Gelée végétale.

Peler : Enlever une couche graisseuse ou un nerf d'une pièce de viande.

Persillé : Préparation qui contient une grande quantité de persil haché ; ou se dit d'un fromage dont la pâte est parsemée de moisissures. Se dit aussi d'une viande parsemée de minces filets de graisse.

Petit-lait : Liquide restant après la coagulation du lait.

Pilon : Nom de l'instrument qui sert à écraser les aliments dans un mortier.

Pincer : Colorer des os, carcasses et légumes au four pour faire un fond brun.

Piquer : Insérer dans une pièce de viande de petits morceaux d'ail ou de lard. On pique les oignons de clous de girofle.

Pluche : Fines herbes ou plantes aromatiques dont on détache les feuilles des tiges.

Poche : Sachet en forme d'entonnoir au bout pointu muni d'un trou qui peut aussi contenir une douille. Souvent utilisé pour le glaçage.

Pocher : Cuire dans un liquide très chaud, mais non bouillant.

Polenta : Préparation culinaire à base de farine de maïs qui épaissit lors de la cuisson.

Pré-salé : Mouton élevé dans les prés qui avoisinent la mer.

Puits ou fontaine : Dépression que l'on creuse dans un tas de farine disposée sur un plan de travail ou dans un récipient creux.

Pulpe : Partie tendre d'un aliment d'origine végétale.

Q

Quasi : Morceau du haut de la cuisse d'un veau.

Quenelle : Rouleau formé d'un hachis de viande blanche ou de poisson qu'on lie avec de la mie de pain et des œufs.

R

Râble : Partie d'un animal à quatre pattes qui s'étend depuis le bas des épaules jusqu'à la naissance de la queue.

Rafraîchir : Refroidir rapidement sous l'eau froide ou dans un récipient rempli d'eau glacée.

Ragoût : Préparation culinaire à base de poissons, de viandes ou de légumes, cuits dans une sauce.

Raifort : Plante cultivée pour sa racine qui sert de condiment.

Ramequin : Petit récipient utilisé en cuisine et allant au four.

Réduction : Résultat d'un épaississement par une longue cuisson à feu doux.

Réduire : Faire évaporer un liquide par ébullition pour concentrer les saveurs.

Rissoler : Cuire à feu vif les aliments pour en dorer la surface.

Rouelle : Tranches épaisses coupées en rondelles.

Roux : Préparation de beurre et de farine utilisée pour épaissir les sauces, les potages, etc.

Ruban : On dit d'un mélange qu'il « fait des rubans » lorsqu'on soulève la cuillère, la spatule ou le fouet de la préparation et que des rubans se forment.

S

Sabler : Travailler la farine et le beurre entre les doigts afin de lui donner la texture granuleuse du sable.

Saindoux : Graisse de porc fondue.

Salamandre : Appareil de cuisine qui émet de la chaleur par le haut et dont on se sert pour gratiner ou pour glacer les plats.

Sangler : Refroidir un appareil en l'entourant de glace pour le saisir par le froid.

Saumure : Solution très concentrée en sel, dans laquelle on conserve les aliments.

Sauter : Cuire à la poêle à feu vif.

Sautoir : Plus connue sous le nom de « sauteuse ». Ustensile de cuisson muni d'une queue et dont les bords sont peu élevés.

Selle : Partie de certains animaux allant du bas des côtes à la cuisse (chevreuil, agneau).

Singer : Saupoudrer de farine des aliments revenus dans un corps gras avant d'ajouter un liquide pour confectionner une sauce.

Sirop de sucre : Préparation concentrée de sucre et d'eau qui sert à la confection des confitures, des sorbets, de certaines pâtisseries et de certains desserts.

Socle : Petit podium plus large que haut pour aider au dressage artistique de différentes substances alimentaires.

Sous-noix : Dans le bœuf, le mouton et le veau, morceau qui se trouve sous la noix.

Suer : Cuire les aliments dans un corps gras, à feu doux, afin de leur faire perdre une partie de leur eau de végétation et de concentrer leurs sucs.

Suif : Graisse fondue des ruminants.

Suprême : Blanc de volaille, filet de poisson ou de gibier.

Surlonge : Partie de la longe du bœuf qui ne comprend pas la longe courte.

T

Tamis : Ustensile de cuisine utilisé pour retirer les grumeaux ou donner une texture fine aux aliments et aux préparations.

Tartare : Mayonnaise aux câpres ; se dit également d'un poisson ou d'une viande haché, servi cru avec des aromates et parfois un œuf cru.

Tendron : Partie du bœuf et du veau entre la poitrine et le flanchet, utilisée notamment dans les pot-au-feu.

Terrine : Récipient en terre dont on se sert pour faire cuire certaines viandes ; se dit également du contenu de ce récipient.

Timbale : Moule assez haut, de forme cylindrique, servant à cuire différentes préparations.

Torréfier : Exposer à une chaleur intense pour faire griller.

Tourte : Tarte garnie notamment de viandes ou de volaille.

Tripes : Intestins des animaux.

Triturer : Manier pour obtenir un mélange homogène.

Trousser : Action de soutenir les pattes et les ailes d'une volaille en les maintenant rempliées dans une position gracieuse.

Truffer : Ajouter des truffes dans un plat.

V

Vanner : Remuer une crème ou une sauce lorsqu'elle refroidit afin qu'elle conserve son homogénéité et d'empêcher la formation d'une peau à sa surface.

Venaison : Chair de tous les gros gibiers à poil.

X

Xérès : Vin blanc muté d'Espagne.

Z

Zester : Action de prélever le zeste d'une orange ou d'un citron.

INDEX

175

A

Abats 47-57
- Foie poêlé (agneau) 49
- Foie gras poêlé (canard) 50-51
- Ris 54-55
- Rognon 56-57
- Terrine de foie gras (canard) 52-53

Agneau 49, 58-61
- Carré français 58-59
- Foie poêlé 49
- Gigot farci 60-61

Agrumes
- Suprêmes 123

Ail 15-16
- Confire en chemise 15
- Dégermer 16

Ananas 124

Artichaut 17-19
- Cuire et servir entier 17
- Tourner 18-19

Asperge blanches
- Blanchir 20

Aubergine
- Pour caviar 21

Avocat
- Dénoyauter et peler 22

B

Ballottine 84-85

Bavette de bœuf 64

Beurres 144-147
- Beurre blanc 145
- Beurre citron 145
- Beurre clarifié 146
- Beurre maître d'hôtel 146
- Beurre manié 147

Biscuits à la cuillère ou doigts de dame 139

Blanchir 20, 24

Bœuf 62-65
- Bavette 64
- Carpaccio 62-63
- Moelle rôtie à l'os 65

Bouillon de volaille 149

C

Cabillaud (morue fraîche) 92-93
- Lever les filets 92

Caille
- Désossée, en crapaudine 74-75

Calmar (nettoyer) 101

Canard 50-53, 76-79
- Cuisse confite 76-77
- Désosser 78-79
- Foie gras poêlé 50-51
- Foie gras (terrine) 52-53

Canette
- Désosser 78-79
- Suprême, cuisson 80-81

Caramel (filer pour décoration) 159

Carpaccio 62-63

Cerf (steak d'aloyau) 66-67

Champignon portabella
- Griller 23

Choux de Bruxelles
- Blanchir 24

Ciseler 33, 36

Confiture de base (framboises) 159

Court-bouillon 149

Courge butternut
- Purée 25

Courge spaghetti (spaghetti végétal) 26

Couteau de l'Atlantique
- Ouvrir et cuire 102-103

Crabe des neiges
- Décortiquer 104-105

Crème anglaise 160

Crème brûlée 160

Crevette fraîche 106-107
- Cuire avec la carapace 106
- Pour cocktail 107

Crosne
- Peler 27

D

Décortiquer 104-105

Désosser 68-69, 78-79, 84-85

Duxelles 161

E

Émincer 29,33

Escalope de veau 70-71

F

Farcir 31, 60-61, 68-69, 83, 114

Fenouil 28-30
- Bulbe confit 28
- Émincer 29
- Huile 30

Ficeler 60-61, 86-87

Fleur de courgette
- farcir 31

Fond de veau 150

Fondue de tomates fraîches 151

Fumet de poisson 150

G

Gnocchi à la courge butternut 138

Grenade 125

Griller 23, 37, 110-111

H

Homard 108-111
- Cuisson 108-109
- Griller 110-111

Huître
- Crue 112-113

J

Jus raccourci de canard 151

L

Laitues variées
- Nettoyer pour mesclun 32

Langoustine (queue)
- Farcir 114
- Tartare 114

Langue (veau) 72

REMERCIEMENTS

J'aimerais tout d'abord remercier Suzanne, mon épouse et associée et mes enfants, Laurie-Alex et Raphaël. Ils sont la source de mon inspiration depuis le début et me donnent l'énergie nécessaire pour continuer d'évoluer dans ma vie et en cuisine !

Merci aux deux plus merveilleuses équipes au monde : celles du laurie raphaël de Québec et de Montréal. Grâce à eux, je peux travailler sur des projets comme celui-ci sachant que je peux compter sur leur appui constant.

Merci à l'équipe des Éditions La Presse qui ont cru en ce projet dès le tout début, particulièrement à Martine Pelletier même si au départ de l'aventure, l'idée d'un livre de base en cuisine sans utiliser les mains en photos lui paraissait un peu curieuse.... Merci de m'avoir fait confiance. Également à Sylvie Latour pour son grand dévouement dans la réalisation de ce livre. Sa rigueur a été un précieux atout. Son apport nous a permis d'arriver à une présentation simple et claire des données. Elle a largement contribué à ce que vous puissiez comprendre et apprécier les techniques et recettes de base que je vous propose.

Un grand merci à Marc Maulà, styliste culinaire et ami de longue date. Il a compris l'essence de ma démarche et son immense talent fait que nous pouvons profiter de photos explicatives efficaces et d'une grande qualité visuelle. Sa patience et son travail acharné feront que ce livre deviendra une référence dans le genre. Mes remerciements à Marc Couture, notre photographe pendant 11 longues journées de 15 heures chacune. Il a su conserver sa bonne humeur contagieuse tout au long du processus. Ce livre n'aurait pu voir le jour sans son talent et son amour du travail bien fait.

À la compagnie Shun Canada, pour les magnifiques couteaux de fabrication japonaise qui me permettent de faire un travail aussi précis en cuisine.

À monsieur Stéphan Giroux, de Concept Giroux, qui nous a fabriqué de magnifiques planches de travail pour le shooting photo.

À Pascale Girardin, céramiste, pour la vaisselle de fabrication artisanale.

Et à tous les producteurs locaux et importateurs avec qui je travaille depuis plus de 30 ans :

À John Meletakas, de la poissonnerie La mer, pour les poissons, les fruits de mer et les coquillages qu'il a réussi à trouver en plein mois de février.

À Paul-Aimé Joncas, de la pêcherie Pec-Nord, pour les pétoncles coquilles vivants.

À Pierre Gagné et Christian Vignola, de chez Viandex, qui m'appuient dans mes nombreux projets avec leurs poissons et viandes de boucherie.

À Marie-Josée Garneau et Sébastien Lesage, de la ferme du Canard Goulu, pour leur foie gras et leurs canettes.

À Alexandre Therrien, de Gibier Canabec, pour plusieurs gibiers, dont les cailles.

À Léa Loranger et Nicolas Turcotte, de Pigeonneau Turlot, pour leurs sublimes pigeonneaux.

À Mario Pilon et Michelle Cyr, de la ferme Eumatimi, pour le magnifique bœuf Angus et les os à la moelle.

À Nino, du marché Jean Jean-Talon, pour les fruits et légumes, entre autres pour les hallucinantes fleurs de courgettes.

À Robert Defay, de chez Lirode, pour l'énorme truffe noire fraîche et la salicorne.

À Pierre-André Daigneault et son épouse et associée, Nathalie, des Jardiniers des chefs pour les crosnes, les topinambours et autres produits d'exception comme les laitues exo.

À Éric et Marc Bélanger, pour les abats d'agneau pour le veau de lait et la boucherie Bélanger du Marché Atwater.

À Ghislain Boisclair de la ferme Lapins Stanstead, pour les lapins extraordinaires.

Et à tous ceux qui ont contribué de près ou de loin à ce livre et à tous les cuisiniers qui m'ont enseigné l'art de travailler les techniques de base sans lesquels je n'aurais jamais pu écrire ce livre.

BONNES ADRESSES

Boucherie A. Bélanger
Marché Atwater
138, avenue Atwater
T: 514-935-2439

Boutique de la Ferme Eumatimi
241, rue Saint-Joseph est
Québec (Québec) G1K 6A8
T: 418-524-4907

Le Canard Goulu Inc.
524, Bois Joly Ouest
Saint-Apollinaire (Québec) G0S 2E0
T: 418-881-2729
F: 418-881-4186

Chez Nino
Marché Jean-Talon
192, place du Marché du Nord
Montréal (Québec) H2S 1A1
T: 514-277-8902

Couteaux Shun
KAI USA Ltd
18600 SW Teton Avenue
Tualatin, Oregon 97062
T: 450-441-4299
F: 450-441-5944
www.kershawknives.com

Concept Giroux
8501 Samuel-Hatt
Chambly (Québec) J3L 6V4
T: 514-527-6989
F: 450-447-6504
www.conceptgiroux.com

Élevage des Pigeonneaux Turlo
Nicolas Turcotte et Rhéa Loranger
168, 1er Rang Ouest
Saint-Gervais-de-Bellechasse
(Québec) G0R 3C0
T: 418-887-3144
F: 418-887-3241
www.pigeonneauxturlo.com

Gibiers Canabec
2522, rue de la Faune
C.P. 89036
Saint-Émile (Québec) G3E 1S9
T: 418-843-0782
F: 418-843-2774

Jardiniers du chef
417, Côté-Saint-Louis Est
Blainville, (Québec) J7E 4H5
T: 450-433-8789
Sans frais: 1-866-208-1684
F: 450-433-0140
www.jardiniersduchef.com

Lapin Stanstead
1270, Chemin Stage
Stanstead (Québec) J0B 3E1
T: 819-876-7333

Lirode
39, rue de Montebello
Blainville, (Québec) J7B 1L3
T: 514-999-2551
F: 450-419-9370

Pascale Girardin céramiste
306-2050, rue Dandurand
Montréal (Québec) H2G 1Y9
T: 514-231-4397
www.pascalegirardin.com

Poisonnerie La Mer
1840, René-Lévesque Est
Montréal (Québec) H2K 4P1
T: 514-522-3003
F: 514-522-0467
www.lamer.ca

Pec-Nord
300-2800, avenue St-Jean-Baptiste
Québec (Québec) G2E 6J5
T: 418-653-8110
F: 418-653-1579
www.pec-nord.com

Viandex Inc.
195, ure Joly
Québec (Québec) G1L 1N7
T: 418-681-2482
F: 418-681-0972
www.viandex.com

NOTES

L'ATELIER DE

DANIEL VÉZINA

Plus de **100** techniques
et recettes de base